孙云晓◎主编

"五个好习惯"丛书

Making the Habit
of Self-management

培养自理好习惯

孙云晓 李文道◎著

北京师范大学出版集团
BEIJING NORMAL UNIVERSITY PUBLISHING GROUP
北京师范大学出版社

图书在版编目(CIP)数据

培养自理好习惯 / 孙云晓, 李文道著. —北京: 北京师范大学出版社, 2014.1 (2018.4重印)
("五个好习惯"丛书)
ISBN 978-7-303-17173-6

Ⅰ. ①培… Ⅱ. ①孙… ②李… Ⅲ. ①品德教育－儿童读物 Ⅳ. ①G611

中国版本图书馆CIP数据核字 (2013) 第243091号

营 销 中 心 电 话   010-58805072 58807651
京师心悦读新浪微博   http://weibo.com/bjsfpub

PEIYANG ZILI HAOXIGUAN
出版发行: 北京师范大学出版社 www.bnup.com
　　　　　 北京新街口外大街19号
　　　　　 邮政编码: 100875
印　　刷: 天津中印联印务有限公司
经　　销: 全国新华书店
开　　本: 710mm×1000mm　1/16
印　　张: 11
字　　数: 155千字　　印数: 10001-13000
版　　次: 2014年1月第1版
印　　次: 2018年4月第2次印刷
定　　价: 29.00元

策划编辑: 谢　影　　责任编辑: 刘　畅
美术编辑: 袁　麟　　装帧设计: 尚世视觉
责任校对: 李　菡　　责任印制: 李汝星

目录 CONTENTS

序言   PREFACE

培养好习惯的六个步骤

父母们都明白，教育孩子需要用好方法。那什么是好方法呢？在我看来，最好的也是最有效的儿童教育方法，就是培养良好的行为习惯。

说得更彻底、更准确一些，儿童教育的根本任务就是良好习惯缔造健康人格。说得更具体、更实用一些，就是通过培养仁爱助人、主动学习、认真负责、自我管理和尊重他人五个良好习惯，促进少年儿童健康人格指标的实现。如何有效地去做呢？这套"五个好习惯"丛书及《习惯决定孩子一生》，就是习惯与人格研究专家学者给予您的极为重要的建议。

有一位母亲跟我说："我的孩子真讨厌，坏毛病太多了，不爱写作业、整天黏在电视跟前，上网玩游戏没完没了，您说怎么办呢？我都说他八百遍了，就是改不了。"

因为比较熟悉，我和她开玩笑说："您要是这样说孩子八千遍，他就更改不了了。一位著名的儿科医生跟我说，一句话重复三遍就是对别人的折磨。您对孩子说的话重复了八百遍，他怎么受得了？"我建议父母们，如果不信我的话，可以把每天对孩子说的话录下来，录一星期放给自己听听，父母自己都会烦死。

孩子们对我抱怨说："我妈妈真烦人，每天都唠叨不完，她只要嘴唇一

1

动，我就知道她要讲什么，因为她天天都讲一样的话。"

我也惊讶地发现，许多父母都像克隆人，对孩子唠叨一样的话：别看电视了，别玩游戏了，赶快写作业！你要是考不上好中学，怎么考上好大学？上不了好大学，以后怎么找好工作？没有好工作，你喝西北风去？这样的话说一遍两遍还可以，说多了之后就变成一堆噪声，只能让孩子情绪混乱、信心崩溃。这是您想要的结果吗？

实际上，没有一个孩子不想成为好孩子，也没有一个孩子不想好好学习。他学习不好可能是碰到了困难，孩子需要的是您具体有效的帮助，而不是唠叨或训斥。所以我给大家一个忠告——<u>训子千遍，不如培养一个好习惯</u>。

其实，许多父母已经开始重视孩子的习惯培养，可是为什么效果不明显呢？我发现，问题在于有些父母还是把习惯培养当成了说教的内容，而忽略了习惯培养是一套科学的教育方法，需要按其规律来做才会见效。

自2001年到2010年的10年间，作为中国青少年研究中心研究员和副主任，我一直在主持少年儿童习惯研究课题，即教育部的全国教育科学规划"十五"课题——"少年儿童行为习惯与人格的关系研究"，后来接着做全国教育科学规划"十一五"课题——"少年儿童自我管理习惯培养与社会适应的关系研究"。

特别需要说明的是，我们的研究之所以能够取得突破性的成果，首先是有一个强大的科研团队，如全国有几百所中小学和幼儿园参与了我们的研究；中国科学院心理研究所的张梅玲研究员与我共同担任课题组组长；在博士生导师邹泓教授的带领下，北京师范大学心理学院6位博士生深入北京11所小学，进行了为期一年的实验研究，对少年儿童行为习惯与人格的关系做了深入细致的探索。

"五个好习惯"丛书及《习惯决定孩子一生》，是我们10年课题研究成果与建议的普及版，是关于习惯培养内容与方法最为通俗和实用的读本，同样由我们课题组的专家学者所撰写。这次再版做了许多重大修改和内容补充，可能更适合今天的父母和教师阅读使用。

在这里，我愿意试着分享一下习惯培养的六大步骤，或许会给大家一些帮助。过去曾经把提高认识和榜样教育合并为一个步骤，也是可以的，分开讲解的好处是可以更加细致，便于操作。

习惯培养的第一步——提高认识，或者说，引导孩子对养成某个习惯产生兴趣、认同和信心。

儿童时期最好的教育莫过于养成良好的习惯。所谓好孩子一定是有好习惯的孩子，所谓有问题的孩子一般都是坏习惯很多的孩子。一个坏习惯可能使人丧失了良机，而一个好习惯则可能使人走向成功。

什么叫坏习惯？坏习惯是藏不住的缺点。比如，"中国式过马路"被视为国耻，一般也难以改变，成为近乎疯狂的坏习惯。据公安部 2012 年前 10 个月的统计，全国因为闯红灯肇事导致涉及人员伤亡的道路交通事故 4 227 起，死亡 798 人，因违反道路标志标线导致 26 000 人死亡。还要死多少人才能改变？

我给大家讲一个案例：

据 2012 年 6 月 8 日东方卫视和《新闻晚报》等媒体报道，当天 14 点 47 分，在华东模范中学考点外，一名考生突然出现，用不算急速的步伐走到考点门口。此时，考点大门已经关闭。"您的准考证呢？"考点工作人员问。"不是 15 点才开始考试吗？"考生一边出示准考证一边问。"同学，您没看到准考证上面清楚地写着英语科目考试 14 点 45 分停止入考场吗？"工作人员指着准考证上的一行字对考生说。此时，考生的妈妈也匆匆忙忙赶到，向工作人员恳求："请帮帮忙吧，只迟到了几分钟，路上自行车坏了。不能参加考试会影响他一生的！"

但考点工作人员严格遵照考试规定，不放行迟到考生。焦急的妈妈无奈中给工作人员下跪，而冲动的考生则抬脚踢向大门，随后更是攀爬铁门，跳进考点内，被几名考点工作人员拦住。经层层汇报请示，最终确定这名迟到 2 分钟的考生不能入场，闻听此讯，考生的妈妈失声痛哭。

尽管高考前各方都会反复提醒，高考英语科目考试考生必须要在14点45分前进入考场，但每年还是有人会忽视"听力提前15分钟入场"的规定而错失考试机会。任何对自己负责的同学都不应该有这样低级的失误。

上面这个让人感慨的事情告诫我们，每个人都需要养成确认的习惯，否则就会有吃不消的苦头。对于一个学生来说，养成确认的习惯更会终身受益，例如，平时写完作业认真检查，考试的时候仔细审题，与别人有约的事情要牢记在心并提前落实等。这样的学生不仅学习成绩会好，为人处世也会受到欢迎。

有人会问，习惯到底是什么呢？习惯就是习以为常的行为，是一种稳定的自动化的行为，是经过反复练习而养成的语言、行为、思维等生活方式，它是人们头脑中所建立起来的一系列的条件反射。

习惯培养的第二步——明确行为规范，让孩子对养成某个良好习惯的具体标准清清楚楚。

北京市史家小学的一个男孩子上课时很调皮，把任课老师惹生气了，下课了全班同学都埋怨他。这个小男孩很懊恼，就去找他的班主任孙蒲远老师。

孙老师做过40多年的小学班主任，经验丰富，是一位全国特级教师。她听了小男孩的话说："犯了错就认错还是好孩子嘛。那你准备怎么认错呢？"小男孩说："我去给老师赔礼道歉，再给老师鞠个躬。"孙老师说："鞠躬很好，会让对方知道你很有诚意。可是你会鞠躬吗？试一下我看看。"小男孩直挺挺地点了一下头。孙老师摇摇头说："这不是鞠躬，这只是点头嘛，点头道歉缺乏诚意。"那个男孩愣住了，因为长这么大，他从来不知道鞠躬与点头有什么区别。

这时，孙老师站起来，给小男孩演示怎么鞠躬：挺胸抬头，双手自然下垂，然后上身向下弯曲与地面平行，这才是鞠躬。男孩子虔诚地练习了多次，去给任课老师认错时果然被接受。

孙蒲远不愧是全国特级教师，她教育学生不光有耐心，还细心，因为只有细致入微地指导，才能培养出真正的好习惯。甚至可以说，儿童成长离不开细节的指导。

习惯培养的第三步——适时进行榜样教育，让孩子对养成某个良好习惯产生亲切而向往的感情。

天津社科院的关颖研究员曾经与儿子难以沟通，儿子房间里贴了许多篮球明星乔丹的画像，因为乔丹是他心中的偶像。后来，一向不喜欢篮球的关颖开始与儿子一起看篮球比赛了，并且收集了许多乔丹的故事，这让儿子对妈妈刮目相看，自然亲近了起来。关颖发现，只要与儿子谈乔丹，儿子就心服口服，因为他对这个偶像有认同感、亲切感。

许多偶像的身上具有榜样的因素，如果善于挖掘这些因素，使偶像逐渐变为榜样，就可能产生良好的教育效果。关颖就是这样做的，她借助乔丹这个榜样的力量，使全家人和谐相处，儿子的发展也越来越好。

青少年时代就是榜样时代和偶像时代，因为青少年的学习特点就是观察和模仿。当然，青少年的榜样和偶像并非都是名人，更多的是他们的伙伴。因此，父母和教师既可以选择孩子喜爱的名人榜样，也可以选择孩子的优秀伙伴，只要发现他们的某些好习惯，就会对孩子产生巨大的影响力。

习惯培养的第四步——坚持不懈的行为训练，让孩子由被动到主动再到自动，养成某个良好习惯。

美国的心理学家研究发现，初步养成一个习惯需要21天，而形成一个稳定的习惯需要90天。就是说，一个习惯的形成，一定是一种动作或行为能够持续一段时间，他们测算是21~90天。我们的研究发现，不同的行为习惯形成的时间也不相同，总之是坚持的时间越长习惯越牢。

举一个例子，孩子洗手您就得给他训练，不洗手就不能吃东西，只要是吃东西就必须洗手。吃饭的时候洗手了吗？看看，您老问孩子，还老看孩子，孩子慢慢就习惯了。开始一看妈妈，就知道"哦，我要洗手"，到以后他就不用提醒了，就如现在我们大人早上起来洗脸刷牙，还要提醒吗？这是习惯！养成了习惯就成了稳定的自动化的行为。

那么孩子的习惯养成呢，有一个由被动到主动再到自动的过程，因此要训练。做父母的都很明白，孩子小的时候容易乱，早上起来，"我的袜子呢？我的鞋呢？裤子呢？"东找西找的，什么都找不到了，很乱。这就是没养成好习惯。

我建议父母们采取一个办法，孩子要从小就开始养成一些良好的习惯。比如，晚上睡觉以前，把衣服叠好，把鞋子放好，都放在一个固定的位置，把自己上学的书包有序地整理好。孩子开始不会，父母可以指导，演示一下，然后弄乱了让孩子做，孩子往往就很有兴趣，像军人一样，被子叠得整整齐齐。

培养习惯需要持之以恒，但开始的一个月是关键时期。过了这一个月，孩子就能够养成初步的习惯。所以说很多好习惯都要这么一步一步训练出来。

习惯培养的第五步——及时评估和奖惩，让孩子在成功的体验中养成良好习惯。

有的父母对孩子说："这个假期你要好好把你写字握笔的姿势练好，开学前我要检查。"

这种要求恐怕不行，孩子经常管不住自己，笼统的要求对他们难以起作用。因此父母要把大计划分割成很多个小计划，并不断地与孩子一起总结评估：今天做得好，可以奖励一颗小星星；7天都得到小星星，可以换1颗大星星；得到3颗大星星，就可以获得更高的奖励。

这样，孩子每天都会知道自己是否进步了，并期待着明天的进步。

北京有一位妈妈，儿子上五年级，写作业磨蹭。在心理学专家的指导下，妈妈开始采取习惯培养的措施。

有一天，妈妈开始观察儿子到底是怎么写作业的。她发现儿子写一个小时的作业站起来七回，一回打开冰箱看看有什么好吃的，一回打开电视看看动画片开始了没有，不到十分钟站起来转两圈，这样写作业能不磨蹭吗？

于是妈妈对儿子说："你是一个很聪明的孩子，完全能够学习好，但是我刚才给你数了数，一个小时站起来七回，是不是太多了？我看你写一个小时的作业站起来三回就差不多了吧。"儿子一愣，想不到妈妈挺宽容的，说三回就三回。妈妈继续说："你如果一个小时内站起来不超过三回，当天晚上的动画片可以多看。"儿子听了高兴得不得了。妈妈又说："先别开心，有奖必有罚，如果你一小时写作业站起来超过了三回，当天晚上的电视就不能看，包括动画片。"

母子协议达成了。

结果五天下来，儿子有三天做到了，一小时写作业站起来不超过三回，兴高采烈地看了动画片。但是有两天忘了，一到了下午6点就急，因为不能看动画片，可怎么央求妈妈也不能看。

真正的教育是自我教育，真正的控制是自我控制。孩子就这样慢慢地变化了，一想到一个小时只能站起来三回，就会慢慢地控制，并用争取晚上看动画片来激励自己。

就这样，经过三个月的训练，这个孩子终于养成了专心写作业的好习惯。

我觉得这位妈妈就是一位教子有方的好妈妈。我从她的成功经验中，总结出了习惯培养的基本方法——加减法。也就是说，培养好习惯用加法，改正坏习惯用减法。您想让孩子养成什么样的好习惯，就千方百计引导他好的行为不断地出现，出现的次数越多，好习惯越牢。我们可以借鉴这个做法，就是给孩子一个可以接受的过程，让他们慢慢地把坏习惯改掉而养成好习惯，或者说用好习惯代替坏习惯。

习惯培养的第六步——形成良好的环境或风气，让家庭生活和学校环境乃至社会风气成为孩子养成良好习惯的支持力量。

我们培养孩子好习惯需要注意，一定要形成一个良好的环境，因为环境对人的影响是巨大的。比如，在家里都不能骂人，孩子如果骂人，全家人都不理他，就是好的环境。

家里有个学生，最好的环境就是家庭成为书香之家。当孩子在学习的时候，父母千万别打麻将。有的父母边"哗啦哗啦"打麻将，边说："儿子，好好学习啊，考北大、考清华。"他能考上吗？

7

再如，您老在家里看电视，一集接一集没完没了，看得泪水涟涟。您说："孩子，别看电视，你要好好学习，写作业去。"您说这孩子能专心学习吗？

您知道孩子这个时候怎么办吗？有个孩子告诉我，父母看电视他不敢过来，但是他想看，他就把门开个缝儿，耳朵竖得尖尖的，用耳朵听电视，这多累呀！所以说人是环境的产物。那该怎么办呢？孩子不在家的时候您尽可以看电视，孩子学习的时候您最好别看电视。您是个大人都控制不了，孩子还那么小，他更抵抗不住诱惑了。所以，培养好习惯最需要父母和教师为孩子做出榜样，最需要建设良好的家庭、学校和社会环境。

我完全相信，身为父母没有人不希望培养孩子良好的习惯，问题是具体该怎么做。我们以阅读为例来探讨一下如何创造良好的环境来培养好习惯。

请父母们思考以下五个培养阅读习惯的关键环节：

人是环境的产物，父母是最好的榜样，书香之家最有利于培养孩子的读书习惯。所谓书香之家，就是家里不仅有很多书，并且父母具有读书习惯。孩子经常看到父母在读书，就会很自然地模仿，怎么可能不喜欢读书呢？

孩子都是喜欢听故事的，因为儿童的思维方式以形象思维为主，故事对他们最具魔力。如果父母坚持从幼儿阶段就给孩子读故事听，小学阶段坚持与孩子轮流读或者互相讲故事，孩子能不喜欢读书吗？如果固定读书时间，甚至固定舒适的阅读位置，更会有助于阅读习惯的养成。

儿童的阅读兴趣和能力都是有差异的。对于那些偏爱看电视或玩网络游戏的孩子，也有很多办法引导。比如，他看了电视连续剧《西游记》或玩了网络游戏《植物大战僵尸》，他可能会对原著或相关图书产生兴趣，父母跟他一起读效果更佳。

给孩子自主选择的权利，非常有利于培养孩子养成阅读习惯，而最简单也最有效的方法，就是经常带孩子逛书店或进图书馆。给孩子适量的钱，让孩子在书海浏览的基础上选择自己最喜欢和最需要的书。请注意：

儿童阅读兴趣第一，相信孩子会由兴趣入手敲开神奇的知识之门。

有些进入青春期的孩子好动不好静，他们开始对外面的世界充满好奇，而旅行就是富有魅力的选择。如果委以重任，请孩子查阅资料做旅行的设计与安排，特别是参观名胜古迹和名人故居，请孩子做导游，都可能促进孩子养成阅读的习惯。

完全可以相信，只要做到以上任何一条，孩子就有希望喜欢阅读。如果做到以上两三条，孩子就有希望养成阅读习惯，并且终身受益。

习惯的培养是一门科学。那么习惯培养的原则是什么呢？是要尊重孩子，尊重孩子的主人地位。习惯培养的目标是什么呢？是培养良好习惯来解放孩子的大脑，让孩子从一些低级的、束缚自己的不良行为习惯中解放出来，比如不磨蹭、不撒谎、不欺负人等。要使孩子生活得很有情趣、很有意义。

21世纪是两代人相互学习、共同成长的世纪，习惯培养的过程也是两代人相互学习、共同成长的过程。有些习惯孩子比大人形成得早，像环保，我们就要向孩子学习，父母和孩子一起成长。而且好的关系胜过许多教育，父母和老师跟孩子的关系越好越有助于孩子良好习惯的形成，这样才有亲和力，亲其师信其道。

习惯决定孩子命运，教育的核心是培养健康人格，培养健康人格最有效的途径就是从培养行为习惯做起。我们抓住行为习惯培养这个根本，就抓住了家庭教育最有效的一条途径，这就是我们家庭教育最基本的任务。让我们记住这样一句名言：家庭是培养习惯的学校，父母是培养习惯的老师，儿童教育就是培养好习惯，我们通过培养好习惯来缔造孩子的健康人格。

2013 年 11 月于北京世纪城

第一章
生活学习有目标

一个心理学实验

著名心理学家班杜拉与合作者曾做了一个实验[1]。他们让一群7~10岁的孩子参加了一个特色课程，这个课程需要孩子上7节课，总共做42页的算术练习题。这群孩子被随机分为三组：

● 近期目标组：他们每天都有一个目标——每节课结束后都至少做6页练习题。

● 远期目标组：7节课都结束后完成42页练习题。

● 无目标组：只上课，不进行任何目标设置。

7节课结束以后，研究者对这所有四组学生统一进行测试。结果发现，近期目标组的学生成绩最好，他们学得更好、更快，面对难题时坚持得也更为持

①罗伊·鲍迈斯特等著，丁丹等译：《意志力：关于专注、自控与效率的心理学》，北京，中信出版社，2012。

1

久；远期目标组和无目标组成绩差不多。研究者分析其中的原因，认为近期目标组的学生之所以成绩最好，是因为他们每天都可以实现自己的目标，目标的实现会逐渐增强他们的自信心和自我效能感。

这个研究很明显地说明了这样一个道理：目标对小学生非常重要。

对大学生甚至研究生来说，目标仍然非常重要。哈佛大学的研究人员曾做过一项长达十年的追踪调查：

毕业时，哈佛大学MBA专业的学生被问及这样的问题："你是否有明确的生活目标并把它写下来了？你是否已经制订好了计划去实现它？"

接受调查时，这些MBA毕业生的智力、学历、环境等条件都差不多。调查结果发现：只有3%的毕业生有清晰的目标并把它写了下来；13%的毕业生有目标却没有写下来；其余84%的人除了打算离开学校后好好痛快地过个暑假以外，什么目标也没有。

十年以后，研究人员又找到了当年那些被调查的学生。他们惊讶地发现：当初那13%制定了目标但没有写下来的毕业生挣的钱，是那些没有目标的84%的毕业生的两倍。而最令人惊奇的是，当初那些目标明确，而且把目标写下来的3%的毕业生，他们挣的钱平均是其余97%的毕业生的十倍。十年来，他们始终朝着同一个方向不懈地努力；十年后，他们几乎都成了社会各界顶尖的成功人士，其中不乏白手创业者、行业领袖、社会精英。

不管是小孩还是大人，目标对我们每个人来说其实都很重要！

目标是一个人期望未来要达到的状态，目标是对一个人生活目的的说明和界定，我们每个人每天的生活都离不开目标。小到琐碎的日常生活，大到人生，都不能没有目标。我们的人生轨迹就是由一个又一个目标组成的。

1. 目标，对孩子很重要

对于正在不断成长、走向成熟的孩子来说，目标的重要性是多方面的。

- 目标将引导孩子走向成功。

美国心理学家皇德瓦曾以跳高为例，说明制定目标对个人成功的重要性。实验表明，运动员跳高时有横杆要比没有横杆跳得还要高，为什么呢？就是因为横杆给跳高选手提供了清晰的目标。对个人而言，目标就是我们的希望。美国哲学家爱默生说："一心向着自己的目标前进的人，整个世界都给他让路。"有了目标，孩子就知道要往哪里去，去追求些什么。如果孩子专注于一个目标，坚持下去，就会取得成功。

- 目标能够调动孩子的积极性。

目标是一种召唤，是一种动力，是一种吸引，也是一种激励。那些有明确目标的人，才能具有更为坚强的毅力去克服各种困难。清晰的目标，可以帮助孩子战胜各种诱惑，主动离开电视机，离开电子游戏，离开舒服的沙发，头脑清醒地坐在书桌前。目标可以帮助孩子战胜人类本能的天然惰性，成为自主的、积极的、努力的人。

- 目标能够发掘孩子的潜能。

普通的太阳光无法点燃燃点极低的火柴，但在凸透镜的聚焦作用之下，却能将木头燃着。我们的时间精力其实就像太阳光一样，聚焦一点之后能产生数十倍、数百倍的能量。有了清晰的目标，孩子才能够集中精力，汇聚自己的能量，使潜能得到充分的发挥。

- 目标能够为孩子创造更多的快乐。

当孩子有了一个目标之后，单单是想想这个目标都会觉得高兴。想想孩子做白日梦的情景吧，那张小脸上会不自觉地露出微笑。"我成了一个除暴安良的警察，穿上神奇的制服，破获一宗宗谜案，帮助了许多无助的人。""期末考试，我的数学考了90分，假期可以出去旅游啦！"当然，目标带给孩子的快乐远远不止想一想这么简单！每天朝着目标努力，感觉自己离目标又近了一点，孩子会对自己越来越有信心；当一个个小的目标实现的时候，孩子所感受到的快乐是任何物质的享受都无法替代的。因为真正的快乐正是由能够激发我们热情的东西带来的，真正的快乐来自于自己

3

创造的生活。

目标的作用——心理学的解释

心理学家洛克和莱瑟姆认为，目标对行为具有促进作用，具体表现为四个方面[①]：

第一，目标能使人把注意力集中于当前手头的任务。

第二，目标推动人努力工作，提高工作的努力程度。

第三，目标提高了人的坚持性。

第四，当原先的方法和策略不管用时，目标帮助人们形成新的策略。

如果孩子没有目标

没有目标的孩子，他们的生活就像《爱丽丝漫游记》里所描述的那样：

"你能告诉我，我应该怎样从这里走出去吗？"爱丽丝问。

"这要看你想到哪儿去？"猫回答说。

"对我来说去哪儿都无所谓。"爱丽丝说。

"那你怎样走也无关紧要。"猫说。

是的，如果不知道我们要去往哪里，那么怎么过都无关紧要；随便到哪儿都行，那就哪儿都到不了。没有目标，就没有梦想，就没有期待。当然，也没有早晨起床的动力，没有早点做完作业的愿望，没有把事情做到最好的执着。这显然不是父母所期待的，孩子们也会因此觉得空虚、苦闷、烦恼。

因此，想让孩子有一个快乐的、成功的人生，父母就必须帮助并引导孩子成为一个目标明确的人，帮助孩子养成目标管理的习惯。这样，孩子才不会在生命的航程中徘徊不前，才不致迷失方向和自我。下面的表格将

---

①阿尼塔·伍德沃克著，张红兵等译：《教育心理学》（第八版），南京，江苏教育出版社，2005。

目标清晰的人和没有目标的人做了对比。父母可以以此作为判断孩子目前状况的依据，也可以把它当作培养孩子养成目标管理习惯的标准。

有目标的孩子	没有目标的孩子
知道自己想成为什么样的人	没有明确的生活目标，不知道自己将来想要做什么
有将目标写在纸上的习惯	没有将目标写下来，只是偶尔在心里想一下，或者从来不想
每一天、每一周都有一个清晰的计划	不知道自己每天该干些什么
做事情很专注	做事情三心二意
生活态度是积极的	生活态度是消极的

2. 孩子有目标吗

明确当前所在的位置，知道我们要到哪里去，我们才能找到正确的路径和方法。因此，为了帮助孩子养成制定目标的习惯，我们必须了解孩子目前在这方面做得如何，孩子期望自己在这方面达到什么样的标准。

首先，我们得先了解孩子在认识目标、制定目标方面做得如何。为了了解孩子目标管理的现状，下面提供了一些简单的问题，请孩子做出回答，您可以在一旁指导。

1. 每个学期开始的时候，我会制定这个学期的学习目标。

　　□ 经常是　　　□ 有时是　　　□从不

2. 每个学期结束时，我会总结这个学期目标实现的情况，并分析其中的原因。

　　□ 经常是　　　□ 有时是　　　□从不

3. 我会将目标写下来。

　　□ 经常是　　　□ 有时是　　　□从不

4. 我在制定目标时，会考虑到目标是否适合自己。

　　□ 经常是　　　□ 有时是　　　□从不

5. 我会将大的目标分解成一些小的目标。

　　□ 经常是　　　　□ 有时是　　　　□从不

6. 我会用具体的数字描述我的目标。

　　□ 经常是　　　　□ 有时是　　　　□从不

7. 我的目标有截止日期。

　　□ 经常是　　　　□ 有时是　　　　□从不

8. 对于制定的目标，我能够充分认识到要制定它的理由。

　　□ 经常是　　　　□ 有时是　　　　□从不

9. 在制定目标时，我会考虑到自己有哪些有利条件和不利条件。

　　□ 经常是　　　　□ 有时是　　　　□从不

10. 在制定目标时，我会考虑到实现目标的标准。

　　□ 经常是　　　　□ 有时是　　　　□从不

好！问题回答完了！您对孩子的回答感到满意吗？如果孩子对以上问题的回答大都是"经常是"，那么恭喜您，您的孩子已经具有了较好的目标管理的意识，并能较好地管理自己的目标，他所需要做的就是继续坚持下去，进一步完善目标管理的技巧。如果您对孩子的回答感到不满意，请您不要着急，因为我们的目标就是使您能够帮助孩子做得更好。认真完成下面的任务，孩子会逐渐清楚自己的目标的。

3. 指导孩子管理目标

指导孩子管理目标的过程主要分两大步骤，一是引导孩子选择适合自己的目标；二是帮助孩子一步一步地具体确定目标。

第一步：引导孩子选择适合自己的目标

适合孩子的目标才是最好的目标

每一位父母都希望孩子有一个美好的人生，最好成龙成凤，这是人之常情。对于大多数孩子来说，他们只是普通人。统计数据显示，超常儿童的比例不会超过3%，但在中国有远远超过3%的父母认为自己的孩子是"天才"。中国父母容易高估孩子的智商及才能，对孩子容易产生过高的不切实际的希望。

没有目标不好，但目标过高对孩子也不好。有些父母认为孩子的目标定高些可以激励孩子努力上进，但实际上，孩子往往会因为达不到目标而感到挫折沮丧，产生无助感、无能感而极有可能放弃进一步的努力。例如，有一对望子成龙的父母，儿子的学习成绩从小学到初中都处于中游水平，为了让儿子能考上好的大学，这对父母动用了几乎所有可能动用的资源和财力，最终让儿子入读本市最顶尖的一所高中。结果却适得其反，因为这所顶尖高中的竞争太激烈了，学生几乎都是从全市挑选出来的尖子生，不管他们的儿子如何努力，每次考试成绩基本上都处于最后几名。他因此感到非常沮丧，在学校里得不到老师们的重视，也得不到同学们的尊重，回家面对的又是父母没完没了的督促和抱怨，最后他"破罐子破摔"——怎么学都学不好，干脆不学了，转而投向网络，深陷网瘾而难以自拔……

因此，在引导、帮助孩子制定目标时，一定要考虑到孩子的实际能力，不同年龄的孩子其能力有显著差别。每一个孩子都是独特的，有其独特的潜质和优点。

记住，过低的目标往往没有激励作用，而过高的目标只能使孩子感到挫折、沮丧和失望。选定一个恰当的目标，就等于成功了一半。

孩子的目标应该是具体的

"目标"是一个抽象的概念，但包含着相当具体的内容。小学生，尤其是小学低年级的学生，其思维方式还停留在具体形象思维阶段，他们所掌握的概念大部分是具体的、可以直接感知的。因此，要求低年级学生去理解抽象的内容，常常是比较困难的。他们的思维活动在很大程度上还是与当下或眼前的具体事物或其生动的形象联系着的。因此，引领孩子去感觉"目标"，可以先从一个个具体的、孩子熟悉的事物出发。

——对于数学成绩不理想的孩子来说，这个学期数学考80分就是目标。

——对于不会游泳的孩子来说，3个月内学会蛙泳就是目标。

——对于没有朋友的孩子来说，交到1个朋友就是目标。

——对于早上不愿起床的孩子来说，这周比上一周少迟到两次就是目标。

——对于练钢琴的孩子来说，熟练弹奏一首自己喜欢的曲子就是目标。

——对于喜欢踢足球的孩子来说，这个学期踢进1个球就是目标。

如果在日常生活中，父母能够经常问一问孩子"你今天的目标是什么"，"你做这件事的目标是什么"，那么，孩子对"目标"这一概念的理解就会逐渐丰富起来，从日常生活的小目标，逐渐想到自己理想中的大目标，并将大目标与日常生活的小目标联系起来，使小目标成为一步步通往大目标的阶梯。

现在，就请你问孩子这样一个问题吧，并请孩子将回答写在下面的横线上。

孩子，今天你的目标是什么？

_____

让目标成为孩子真正的"目标"

在帮助引导孩子制定目标的过程中，父母应该注意以下几点，才能帮助孩子确立真正的目标。

● 目标一定要写下来。

如果目标只在头脑中，我们会很容易忘记它，记住："好记性不如烂笔头。"如果目标没有落实到纸上，目标仅是个想法而已。把目标写下来可以减轻大脑记忆的压力。用文字固定下来的目标，还可以产生自我激励的心理功效。

● 目标要具体，要量化，不能笼统。

对于一个数学成绩不理想的孩子来说，"我要学好数学"就不符合目标制定的要求，因为这个目标过于笼统，无法施行，也无法判断目标的达成情况。最常用的量化方法是使目标数量化，即数字化，比如"我下个学期数学要考到80分以上"就既简单又直截明了。

● **目标要有时间期限。**

没有期限的目标不是真正的目标。任何目标既要有开始日期，又要有结束日期。如有一个孩子给自己确立的目标是"改掉迟到的毛病"，这个目标就是模糊的。到底是在一个月内改掉，还是在一年之内改掉？给目标定下期限以后，孩子就会把自己的力量发挥到极致，会为实现目标而全力以赴。

第二步：引导孩子确立自己的目标

父母的期望，孩子的目标

父母在孩子的生活中起着重要的作用，父母的期望会潜移默化地影响孩子的行为。心理学中著名的"皮格马利翁效应"就很好地说明了成人的期望对孩子的影响。

皮格马利翁是古希腊神话里的塞浦路斯国王，他爱上了自己雕塑的一尊少女像，并且真诚地期望自己的爱能被接受。真挚的爱情和真切的期望感动了爱神阿芙罗狄忒，阿芙罗狄忒给了雕像以生命，皮格马利翁的幻想也变成了现实。

由此，我们把由期望而产生实际效果的现象叫作"皮格马利翁效应"。

皮格马利翁效应是由美国著名心理学家罗森塔尔发现的。一次他来到一所小学，声称要进行一个"未来发展趋势测验"，并以赞赏的口吻将一份"最有发展前途者"的名单交给了校长和相关老师，叮嘱他们务必要保密，以免影响实验的正确性。其实他撒了一个"权威性谎言"，因为名单上的学生实际上就是随机挑选出来的。8个月后，奇迹出现了。大多数上了名单的学生，各科成绩有了较大的进步，且各方面都很优秀。

显然，罗森塔尔的"权威性谎言"发生了作用，因为这个谎言对老师产生了暗示，影响了老师对名单上学生的能力的评价；而老师又将自己的这一心理活动通过自己的情感、语言和行为传达给学生，使他们强烈地感受到来自老师的热爱和期望，变得更加自尊、自爱、自信、自强，从而在各方面都取得了异乎寻常的进步。

在小学阶段，不单单是教师，父母以及那些生活中对孩子具有重要影响的成人，他们的期望都会对孩子有十分重要的影响。对于那些尚没有发展出自己目标的孩子，父母的美好期望往往会成为孩子建立自己目标的标准和动力。因此，作为父母，让孩子了解您对他的期望，能够激励孩子尽快形成和建立自己的目标。

对爸爸妈妈的寄语

爸爸妈妈们，你们的期望是孩子前进的动力，希望你们能在下面的空格处写下对孩子的期望。如果把它作为礼物正式送给孩子，有可能会触动孩子的心灵。

但是，在写下你们的期望之前，请父母们先认真考虑一下，你们对孩子的期望合理吗？它是否与孩子的实际情况相符合？合理的期望应该满足两个条件：一是要符合孩子的身心发展规律；二是要符合孩子的个性特点。

而且，父母们一定要明白："父母是弓，孩子是箭"，父母要做的事情不是决定这支箭要射到哪个方向，而是负责把弓拉好，让弓张得满满的，让箭有顺利射出去并且射得远的动力。孩子有自己的未来，并不一定要按父母规划的理想蓝图发展。对于孩子的未来，应让孩子自己构筑，父母从旁指导就足够了。

好了，现在请找出一张纸，在父母的帮助下，请孩子在这张纸上列出爸爸的期望、妈妈的期望以及其他人的期望（如爷爷奶奶、姥姥姥爷等人的期望），在列出这些期望之前，孩子可以先采访一下这些人。

爸爸的期望：

1._____

2.＿＿＿＿＿＿＿＿＿＿＿＿＿＿＿＿＿＿＿＿＿＿＿＿

3.＿＿＿＿＿＿＿＿＿＿＿＿＿＿＿＿＿＿＿＿＿＿＿＿

妈妈的期望：

1.＿＿＿＿＿＿＿＿＿＿＿＿＿＿＿＿＿＿＿＿＿＿＿＿

2.＿＿＿＿＿＿＿＿＿＿＿＿＿＿＿＿＿＿＿＿＿＿＿＿

3.＿＿＿＿＿＿＿＿＿＿＿＿＿＿＿＿＿＿＿＿＿＿＿＿

其他人的期望：

1.＿＿＿＿＿＿＿＿＿＿＿＿＿＿＿＿＿＿＿＿＿＿＿＿

2.＿＿＿＿＿＿＿＿＿＿＿＿＿＿＿＿＿＿＿＿＿＿＿＿

3.＿＿＿＿＿＿＿＿＿＿＿＿＿＿＿＿＿＿＿＿＿＿＿＿

大目标并不可怕——学会分解目标

确立了自己的目标之后，还要学会如何分解目标。因为目标太大太遥远，往往就不容易坚持，一个一个的小目标让人充满希望与自信，更愿意坚持，用毅力完成这些小目标并逐步达成大目标。一个马拉松运动员的故事很好地说明了大目标分解成小目标的重要性。

山田本一是日本著名的马拉松运动员，曾两次夺得国际马拉松冠军。当被记者问及他取胜的秘诀时，山田本一却回答："凭智慧战胜对手！"

稍微有些体育常识的人都知道，马拉松比赛主要比的是体力和耐力，因此，山田本一的回答被认为是故弄玄虚。

后来，山田本一自己揭开了这个谜底，阐释了"智慧"的真正含义。他在自传中这样写道："每次比赛之前，我都要乘车把比赛的路线仔细地看一遍，并把沿途比较醒目的标志画下来，比如，第一个标志是银行，第二个标志是一棵古怪的大树，第三个标志是一座高楼……这样一直画到赛程的结束。比赛开始后，我就以百米冲刺的速度奋力地向第一个目标冲去，到达第一个目标后，我又以同样的速度向第二个目标冲去。40多公里

11

的赛程，被我分解成几个小目标，跑起来就轻松多了。开始我把我的目标定在终点线的旗帜上，结果当我跑到十几公里的时候就疲惫不堪了，因为我被前面那段遥远的路吓倒了。"

可见，大目标分解为小目标，就变得具体多了，让人们看到了胜利的希望，从而增强了人们的信心。

有心理学家也曾做过一个类似的实验：

有三组人，让他们分别向着10公里以外的三个村子出发。

第一组的人既不知道村庄的名字，又不知道路程有多远，只告诉他们跟着向导走就行了。刚走出两三公里，就开始有人叫苦；走到一半的时候，有人几乎愤怒了，他们抱怨为什么要走这么远，何时才能走到头。越往后走，他们的情绪也就越低落。

第二组的人知道村庄的名字和路程有多远，但路边没有里程碑，只能凭经验来估计行程的时间和距离。走到一半的时候，大多数人想知道已经走了多远，比较有经验的人说："大概走了一半的路程。"于是，大家又簇拥着继续向前走。当走到全程的四分之三的时候，大家情绪开始低落，觉得疲惫不堪，而路程似乎还有很长。当有人说"快到了，快到了"时，大家又振作起来，加快了行进的步伐。

第三组的人不仅知道村子的名字、路程，而且公路旁每一公里就有一块里程碑。人们边走边看里程碑，每缩短一公里大家便有一小阵的快乐，行进中他们用歌声和笑声来消除疲劳，情绪一直很高涨，很快就到达了目的地。

由这个实验我们知道：人们在行动中不仅需要知道明确的目标，而且要有一个个通往目标的里程碑，这样人们能够不断地把自己的行动与目标加以对照，进而清楚地知道自己的行进速度和与目标之间的距离，人们行动的动机就会得到维持和加强，并继续努力达到目标。

在父母的指导下，孩子已经写下了自己想要实现的目标，那么我们现在要做的，就是在通往目标的路上设置一些近距离的里程标志，使目标更进一步具体化，能够激励孩子的行动。试试下面这些方法和技巧，尽量使目标既清楚，又有层次感。

目标分解法

即把一个大目标分解成若干小目标，再把小目标分解成更小的阶段性目标，经过层层分解，最低层次的目标是孩子马上就可以进行的目标。

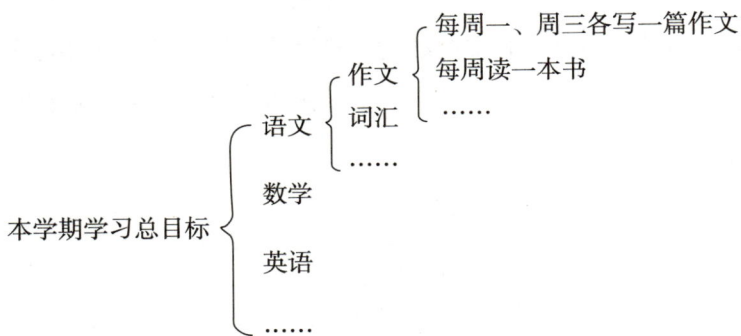

本学期学习总目标 { 语文 { 作文 { 每周一、周三各写一篇作文
　　　　　　　　　　　　　　　每周读一本书
　　　　　　　　　　　　词汇　……
　　　　　　　　　　　　……
　　　　　　　　　数学
　　　　　　　　　英语
　　　　　　　　　……

这样经过层层分解，最终的目的是使一个大的目标变成许多具有可操作性的小目标。

比如，有个小学五年级的孩子于2013年4月制定了这样一个大目标：参加定于第二年6月份举行的××市游泳比赛，并获得奖牌。

按照目标分解法，他可以把这个大目标分解成这样一些小目标：

● **体能训练**：每周一、周三下午4:00~5:00进行体能训练，体能达到优秀的标准。

● **游泳训练**：每周练习4天，每天练习2小时，3个月之内，100米蛙泳成绩提高4秒钟。

13

● 参加周末区少年宫组织的强化训练，着重练习冲刺速度，6个月时间内，使最后50米冲刺时间减少2秒。

● 9个月以后，参加2014年1月份××区组织的游泳比赛，争取进入决赛。

从上面这个例子我们可以看到，"参加定于2014年6月份举行的全市游泳比赛，并获得奖牌"的大目标被分解成每周、3个月、6个月、9个月的目标，而且这些目标都具有非常强的操作性。

大脑图方法

"大脑图方法"是托尼·布岑发明的一种思考问题的方法，它也可以用来整理个人的目标。大脑图方法操作起来非常简单，也非常直观，即把核心目标标画或者写在一张空白纸上，然后搜集与之相关的次级目标，这些次级目标又派生出许多其他分支，这样，如何通过具体目标来实现核心目标就变得一目了然了。

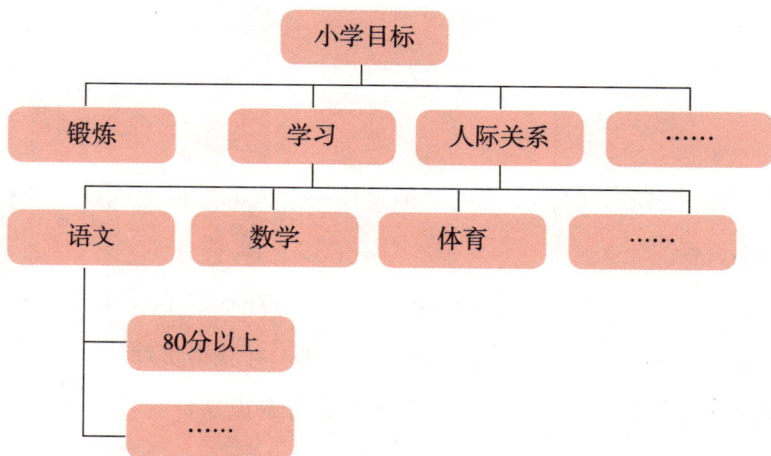

```
                        ┌──────────┐
                        │  小学目标  │
                        └──────────┘
         ┌──────────┬───────┼────────────┬──────────┐
   ┌──────────┐ ┌──────────┐ ┌──────────┐ ┌──────────┐
   │   锻炼   │ │   学习   │ │ 人际关系 │ │  ……     │
   └──────────┘ └──────────┘ └──────────┘ └──────────┘
         ┌──────────┬───────┼────────────┬──────────┐
   ┌──────────┐ ┌──────────┐ ┌──────────┐ ┌──────────┐
   │   语文   │ │   数学   │ │   体育   │ │  ……     │
   └──────────┘ └──────────┘ └──────────┘ └──────────┘
         │
   ┌──────────┐
   │ 80分以上  │
   └──────────┘
         │
   ┌──────────┐
   │  ……      │
   └──────────┘
```

画图的过程，就是一个不断思考的过程。经过这样一个大脑的思维过程，并且用图形的形式把它表示出来，一个核心目标就被逐渐分解成为切实可行的具体目标，这些具体目标即可以成为孩子行动的指南。

4. 孩子的目标管理得怎么样了

孩子的目标合适吗

孩子制定的目标是否能够真正作为孩子行动的指南呢？父母还要帮助孩子从以下两个方面对目标进行评估，以确认所制定的目标为有效目标，也就是说，是适合孩子的，并且是可行的。

● 目标适合性评估。

即目标是否适合孩子的实际情况，目标是否超出了孩子的能力范围。例如，一个数学基础很差的孩子制定了"数学成绩考全班第一名"的目标，这个目标对这个孩子来说就太高了，而制定"比上次多考5分"这样的目标则是有可能达到的。

● 目标可行性分析。

目标可行性分析指达到目标的方法是否切实可行。一个没有可行性的目标，不管它看上去多么美好、多么诱人，都是空中楼阁，可望而不可即。在分析可行性时，要着重分析现实条件的限制，认真分析有哪些有利条件，有哪些不利条件。

比如，有一个孩子为了提高学习成绩制定了这样一个目标："把每天的睡眠时间控制在六小时以内。"这个目标就没有可行性，因为小学生正处于身体发育的关键时期，而睡眠短缺会极大地阻碍孩子正常的身体发育。

孩子的习惯养成得怎么样了

管理大师彼得·德鲁克，年纪超过90岁还不停地写作，不断提出管理方面的真知灼见。在他读小学四年级时，他的老师就要求他把每周的学习目标先写下来，到了周六时，再与实际的学习成果做对比。德鲁克从小就

15

养成了制定目标并检查目标是否达到的习惯，并最终以自己的亲身体验发展了一套"目标管理"理论。从某种意义上讲，彼得·德鲁克从小养成、坚持一生的目标管理习惯最终造就了他的卓越。

我国有这样一句古话：有志者立常志，无志者常立志。很多人都知道这句话的道理，但对不少人来说真正做到也许很难。的确，在养成目标管理习惯的过程中，会遇到很多困难，一些人成了"常立志者"，常常下定决心，制定目标，从头开始，但又常常半途而废。通过参与前面的活动，相信在父母的帮助下，孩子们已经制定了自己的目标。那么，如何使之成为习惯呢？

孩子的目标完成了吗

对目标的完成情况要进行经常性的评估，这一方面可以成为孩子继续行动的动力；另一方面，也能够及时发现问题，并对目标进行调整。比如，一周过去了，一个月过去了，一个学期过去了，父母就要引导孩子在周末、月末、学期末，对上一阶段目标完成的情况进行评估。评估过程主要分为三步：

第一步：评估目标完成的程度，即哪些目标圆满完成了，哪些目标部分完成，哪些目标没有完成。

第二步：总结经验教训，对于顺利完成的目标，分析有哪些好的经验做法；对于没有完成或完成得不好的目标，分析其背后的原因，以后避免出现类似的情况。

第三步：目标调整，对过高和过低的目标进行调整，使其更符合孩子的实际情况。

这三个步骤是紧密相连的，对此，我们可以借助直观的表格对目标的完成情况进行评估。

目标	完成情况	经验/教训	目标调整
1. 下周上课一次也不迟到。	√ 圆满完成	● 上课前40分钟一定要从家出发 ● 在上学路上停留不要超过5分钟	下周继续
	部分完成		
	没有完成		
2. 记住下周新学的50个单词，熟练背诵下周新学的课文。	圆满完成		
	√ 部分完成	● 目标有些高 ● 学校开展的活动占用了背课文的时间	背诵课文的目标调整为熟记课文的句型和短语
	没有完成		
3. ……			
4. ……			

5. 坚持就是胜利

父母的鼓励

心理学的规律告诉我们，行为的形成需要及时的强化。父母要根据孩子的行为表现，给孩子及时的反馈。

如果孩子的目标完成情况较好，父母就可以给孩子一些奖励，比如，去看一场电影，给孩子购买他喜爱看的漫画书，或者带孩子一起去看一场他感兴趣的球赛，这些都是很好的奖励方式。在选择奖励时，父母要注意以下几点：

奖励一定要及时。当孩子认为他做得很好，值得奖励时，其心情是很急切的，希望马上可以得到父母的关注，得到父母的奖励。因此，奖励一定要及时，否则，孩子可能会觉得受到忽视而降低习惯养成的积极性。

这些奖励一定是孩子喜欢的。比如孩子喜欢看电影，带孩子一起看电影就是很好的奖励。父母在平时一定要了解孩子喜欢什么，这样奖励才能有针对性，父母的奖励才能取得积极的效果。

奖励方式多样化。父母既可以选择一些物质性的奖励，比如孩子喜欢的物品；也可以选择一些精神性的奖励，比如给孩子一个热烈的拥抱，一句真诚的赞美，效果可能更好。

如果孩子的目标完成状况不是很理想，父母不要急躁，不要一味地批评，而要根据孩子的具体情况给出建设性的意见。父母可以跟孩子一起分析目标完成的情况，哪些目标完成了，哪些目标没有完成。对于没有完成的目标，要具体分析原因，是目标定得太高，还是一些事先没有预料到的情况影响了目标的完成。然后再根据分析的情况给出建设性的意见，让孩子知道下一周、下一个月该怎么办。

榜样的力量

父母可以跟孩子一起寻找那些在目标指引下克服挫折走向成功的人士的事迹，下面就是其中的三位：

比尔·克林顿

16岁时，克林顿作为优秀学生代表有幸获得肯尼迪总统的接见并握手留念，从那时起，他就确立了投身政治的人生目标，他想成为一名参议员，并且持续不懈地为之奋斗，终于成为美国总统。

比尔·盖茨

微软的创始人比尔·盖茨，在"我要让每一个家庭的办公桌上都有台小型电脑"的目标鼓舞下，一步一步实现自己的梦想，让计算机走进千家万户。

国际象棋世界冠军谢军

在接受记者采访时，她回忆起小时候的经历，说："我小的时候，看见聂卫平、刘适兰他们都崇拜得不得了，当年芮乃伟升至九段的时候，我就把她的照片贴在自己的床头，立志有一天要战胜所有的对手，要当冠军。"正是在目标的激励作用下，谢军才克服了一个又一个困难，成为蜚声国际棋坛的象棋女皇。

从格言警句中寻找坚持的力量

格言警句富有哲理，它睿智隽永，使人聪慧，给人启迪。苏联作家高尔基说过："在用格言进行的思维中，我学会了很多东西。"格言警句都是成功者和伟大人物的人生感悟与经验，他们对于生活的积极态度能够对孩子起到自我激励的作用。父母可以跟孩子一起去搜集有关目标的格言警句，让孩子把它们放在自己能经常看到的地方，比如，写在书的扉页上，或者贴在床头。

一心向着自己的目标前进的人，整个世界都给他让路。

——爱默生（美国哲学家）

成功是目标，余者皆为注解。

——博恩·崔西（美国著名个人和职业发展培训师）

如果要获得成功，那么有两个条件是必须具备的：一个是目标的明确性，即清楚自己想要什么，另一个是实现目标的迫切愿望。

——拿破仑·希尔（美国著名成功学家）

目标的故事：查德威克小姐横渡海峡

1952年7月4日清晨，加利福尼亚海岸笼罩在雾中。在海岸以西约34千米的卡塔林纳岛上，一个34岁的女人涉水进入太平洋中，开始向加州海岸游去。要是成功了，她就是第一位游过这个海峡的妇女。这名女士叫弗罗伦丝·查德威克。在此之前，她是从英法两边海岸游过英吉利海峡的第一位女性。

那天早晨，海水冻得她身体发麻，雾很大，她几乎都看不到护送她的船。时间一个钟头一个钟头过去，千千万万人在电视机前看着。有几次鲨鱼靠近了她，被人开枪吓跑。她仍然在游。

在以往这类渡海游泳中她的最大问题不是疲劳，而是刺骨的水温。15个钟头之后，她又累又冷。她知道自己不能再游了，就叫人拉她上船。她的母亲和教练在另一条船上。他们都告诉她离海岸很近了，叫她不要放弃。但她朝加州海岸望去，除了浓雾什么也看不到。

几十分钟之后——从她出发算起是15个钟头零55分钟——人们把她拉上船。又过了几个钟头，她渐渐觉得暖和多了，这时却开始感到失败的打击。她不假思索地对记者说："说实在的，我不是为自己找借口。如果当时我看见陆地，也许我能坚持下来。"

人们拉她上船的地点，离加州海岸只有大约800米！

后来她说，令她半途而废的不是疲劳，也不是寒冷，而是因为她在浓雾中看不到目标。查德威克小姐一生中就只有这一次没有坚持到底。两个月之后，她成功地游过同一个海峡。她不但是第一位游过卡塔林纳海峡的女性，而且比男子的纪录快了大约两个钟头。

第二章

做事有计划

"磨刀不误砍柴工"

我们都听过"磨刀不误砍柴工"的故事：

有个伐木工人很肯干，在一个林场找到了工作，报酬不错，他很珍惜，下定决心要好好干，以证明场长没有选错人。

第一天上班，场长给了他一把锋利的斧头，并给他指定了伐木范围，以免破坏了水土资源。

他来到林子里，挥斧大干，砍了16棵树。场长看了以后说："不错，就这么干。"第二天，他干得更起劲儿，可是却只砍了13棵树；第三天，他加倍努力，可是只砍倒了8棵树。

工人觉得很惭愧，于是跑到场长面前检讨，说自己也不知道怎么了，好像力气越来越小了。

场长问他："你上一次磨斧子是什么时候？"

工人奇怪地说："磨斧子？我天天忙着砍树，哪里有工夫磨斧子啊？"

读完这个故事，让我想到了美国历史上最伟大的总统之一林肯曾经说的一句话："如果给我8小时的时间砍一棵树，我会花6个小时的时间来磨斧头。"

亲爱的父母，读完这个故事，您和孩子有何感想？"计划时间"是否就是"磨刀时间"呢？

做事要有准备

中国有句古话，"凡事预则立，不预则废"，意思就是凡事要提出规划、考虑清楚、做好准备；否则，就会遭受挫折乃至严重的失败。

人生其实是一个计划的过程，虽然会有意外，但我们大多数的人生历程大致是确定的，什么时候上幼儿园，什么时候上小学、中学、大学……

计划是什么，计划就是提前把时间分配在需要做的事情上。父母已经知道如何引导孩子确定目标了，接下来父母就要培养孩子在实现目标过程中最重要的内容：如何去管理人生中最重要的资源——时间。

时间管理大师洛塔尔·赛韦特这样说：

时间就像风，
运用得当，
便会把我们带向
每一个目标。

华罗庚说："凡在事业上有所成就的人，无一不是利用时间的高手。"

鲁迅写了大量的优秀文学作品，有人认为他的成就是他的天才所赐，曾当面称赞鲁迅是天才的文学家，鲁迅回答说："哪里有天才？我是把别人喝咖啡的时间都用在工作上了。"

管理好自己的时间是一门大学问，也是值得孩子一生学习和实践的重要能力。在本书中，我们认真选择了几个对孩子来说最有价值的时间管理习惯，希望引导父母去帮助孩子从小养成这些管理时间、利用时间的好习惯。

我们将从一个最基本的，也是孩子最需要的习惯出发，这就是制订日程表的习惯。

1. 孩子，为什么做事要有计划

孩子，其实也很忙碌

现在的孩子每天要做的事情其实非常多。不光每天的作业多得做不完，还要参加各种辅导班、兴趣班、课外活动、科技小组，周末可能也不得闲，要上各种各样的兴趣班……很多孩子面对内容繁杂的生活不知所措，父母们也为此不断烦恼：

● 有时孩子忘了做作业，甚至忘了考试。

● 正在做某件事时，忽然想到还有一件重要的事情要做。

● 该睡觉了，才想起来还有一科作业没写。

● 假期开学前几天，没日没夜地补作业，假期开始时怎么不着急呢？

● 孩子一天到晚只想着玩，不催他，根本想不起来要去写作业，所以每天的作业都要熬到夜里十一二点才能做完。

孩子怎么样才能游刃有余呢？怎样做才能保证最重要的事情不被遗漏呢？让孩子养成制订日程表的习惯是关键。制订日程表的目的是要让孩子清楚地知道什么时间该干什么，做起事来更有计划，生活更有条理。

规划和管理时间不但对成年人非常重要，对孩子而言，也同样重要。因为对孩子来说，他的时间是有限的，是一种稀缺资源。孩子的生活除了学习，还应该包括更加丰富的内容，比如课外活动、交友、整理房间、锻炼身体、玩耍等。这些事情都是孩子发展的必要部分，是孩子成为一个全面的、均衡发展的个体所需要的。孩子的时间也需要进行规划和管理，这样才能使自身获得各方面的均衡发展。

计划与人生

在《伊索寓言》里有一个《蚂蚁和蝉》的故事：

冬天，蚂蚁在翻晒受潮的粮食，一只饥饿的蝉向他乞讨。蚂蚁对蝉说："你为什么不在夏天储存点粮食呢？"蝉回答说："那时我正在唱悦耳的歌曲，没有工夫。"蚂蚁笑着说："如果你夏天吹箫，冬天就去跳舞吧！"

父母跟孩子一起读一读这个简单的寓言吧。从这个寓言中我们体会到，时间安排不同，人生的境遇自然就不一样。为了赢得更多的时间，不管一个人有多忙，也要抽出一定的时间来做规划。

制订日程表，好处多多

著名的时间管理专家阿列斯·伯雷曾说："一天的日子，就如同是一个行李箱，如果你懂得装箱的技巧，一个箱子就可以装两个箱子的东西。"制订日程表会给孩子带来什么好处呢？

- 有助于孩子提高学习效率，减轻学习压力。
- 有助于孩子整理自己的思路，帮助其思考。当一个人将思路写到纸上时，他会感到有秩序、有条理，这些都会激发孩子更多的思考。
- 可以防止孩子漏掉某些重要的事情，使孩子的时间主要用在那些重要的事情上，防止孩子分心，防止孩子因无所事事而浪费时间。
- 有助于孩子随时检查学习或生活的进程，使他忙而不乱，心中有谱。
- 每一天，让孩子知道他有哪些事情要做。

- 使孩子能够痛痛快快地玩，认认真真地学。
- 使孩子的生活更加均衡，发展更加全面。
- 使孩子对自己的生活更有控制感和方向感，更加积极主动。

孩子养成制订日程表的习惯，对父母来说也是一件好事。如果孩子对自己每天做什么一清二楚，再也不用父母苦口婆心地提醒、督促，父母可以省下多少时间和精力啊！

记住：如果孩子知道他每天、每周、每月，甚至每年都该干什么，他就可以把主要的时间和精力集中在那些对他来说更重要的事情上，最终获得人生的成功。

2. 您的孩子，做事有计划吗

孩子做事有计划吗

下面是一个简单的问卷，父母可以借此了解一下孩子在安排日程方面的情况：

1. 如果不提醒，孩子经常会忘记做某件比较重要的事情。

   是 ☐　　　　否 ☐

2. 孩子经常"想起什么就做什么"。

   是 ☐　　　　否 ☐

3. 孩子的生活很杂乱，没有条理。

   是 ☐　　　　否 ☐

4. 孩子每天总有做不完的事情。

   是 ☐　　　　否 ☐

5. 孩子整天瞎忙，像没头苍蝇似的。

   是 ☐　　　　否 ☐

6. 孩子几乎从不把要做的事情记到纸上。

   是 ☐　　　　否 ☐

7. 孩子很少去想今天该干什么。

是 □   否 □

8. 对于明天该干什么，孩子很少去想。

是 □   否 □

对于以上8个问题，如果孩子的回答大多是"是"，那么说明孩子的时间缺少规划，他需要学习如何制订日程表，并养成习惯。

孩子对时间敏感吗

这是一个简单的小测试，目的是帮助父母了解孩子对时间的敏感度。

所谓时间敏感度，即是指一个人对自己在一段时间内所完成任务量的主观判断。敏感度高的人对自己单位时间内能做多少事情有很好的估计，对某一事务需要多少时间也有很好的把握。

在制订日程表时，孩子需要估计某一具体事务将占用多少时间，从而在日程表上留出相应的时间。如果估计比较准确，他制订的日程表就比较容易执行。因此，父母也有必要了解一下孩子对时间的敏感度。

那么，如何判断孩子的时间敏感度的高低呢？下面就是一种判断方法，简单易行，父母和孩子不妨照着做一下。

请父母准备好一个有秒针的钟表，当秒针指向"12"时，让孩子闭上双眼，预计时间已经过了一分钟后再睁开眼睛，看看孩子的预计值与实际时间差多少，属于哪一种类型。

第一种类型：预计值跟实际时间相比，少十五秒钟以上，这说明孩子性格较急，遇到什么事情都想尽快完成。

第二种类型：预计值跟实际时间相比，少于十五秒或者多于五秒之内，这说明孩子对时间的敏感度较高，往往能比较准确地做出时间规划。

第三种类型：预计值跟实际时间相比，多至六秒至十五秒之间，这说明孩子属于对时间反应较为迟钝的那一种，这提示父母要经常督促和检查孩子时间管理的情况。

第四种类型：预计值比实际时间多十五秒钟以上，这说明孩子对时间的敏感性很差，父母要更加用心地培养。

您的孩子属于哪一种类型？

这种评估时间敏感度的方法其实也是训练时间敏感度的方法。孩子对时间的敏感度有助于他评估完成某一任务需要多少时间，这是制订日程表的基础。

3. 如何做事有计划

什么是时间

做事有计划，要先从认识时间开始。

时间是日程表的框架和结构，培养孩子制订日程表的习惯，父母应该先让孩子认识什么是时间，了解时间的特性。

时间是一个抽象的概念，它不同于我们身边常见的桌子、椅子等具体事物，它看不见，摸不着。让孩子初步认识时间，父母不妨从一个关于时间的谜语开始。

世界上哪样东西是最长的又是最短的，最快的又是最慢的，最能分割的又是最广大的，最不受重视的又是最受惋惜的？没有它，什么事情都做不成。它使一切渺小的东西归于毁灭，使一切伟大的东西生命不绝。

这个谜语的谜底是什么呢？为什么？

上面这个谜语见于法国著名思想家伏尔泰的哲理小说《查第格》，是大祭司为了考察查第格的智力所出的。

聪明的查第格是怎么回答的呢？

最长的莫过于时间，因为它永无穷尽；最短的莫过于时间，因为任何人也没有做完一生所有工作的时间。在等待的人，时间是最慢的；在作乐的人，时间是最快的。它可以扩展到无穷大，也可以分割成无穷小；当时谁都对它不加重视，过后又为此后悔莫及，感到惋惜。没有它，什么事都做不成。不值得后世纪念的，它都令人忘却；伟大的，它都使它们永垂不朽。

孩子猜出这个谜语了吗？如果他猜出来，那说明孩子已经对时间的特性有了比较好的了解。如果没有猜出来，也不要紧，父母正好以此为契机，帮孩子认识时间，了解时间的特性。

让孩子对时间更敏感

除此之外，还可以结合制订日程表习惯的培养，在日常生活中培养孩子对时间的敏感度，增强孩子对某一项事务所花时间估计的准确度。方法其实很简单。

某件事情开始时，先估计它所需要的时间。当这件事情完成时，记录下实际使用的时间。比如：

事务	估计时间	实际时间
从家到学校	25分钟	20分钟
吃午饭	10分钟	20分钟
去超市买彩笔	40分钟	50分钟
……	……	……

经过一段时间的训练，相信孩子会估计得越来越准确。这样孩子既认识了时间，也能体会到时间管理的乐趣。

学会制订日程表

选择日程表

俗话说："工欲善其事，必先利其器。"要制订日程表，首先要选择购买或制作适合的日程表。一份完整的日程表应该包括每日日程表、每周日程表、每月日程表。在选择日程表时，还要注意选择那些样式活泼、便于携带的日程表，方便孩子装进书包或口袋里随身携带。

制订每日日程表

日程表准备完毕，下面父母就可以指导孩子按照下面三个步骤编制每日日程表了。

列事务清单

所谓事务清单，就是一个人每天要做事情的罗列。列事务清单可以防止孩子遗漏重要的事情，而且列事务清单的过程，其实也是孩子整理思路的过程，有助于他把思想和精力都集中在这些要做的事情之上。

父母可以试着指导孩子列出某一天的事务清单，把孩子从早上起床一直到晚上上床睡觉这一整天要做的事情都罗列出来。在列每日事务清单时，最好对照着学校的课程表进行。

下面是北京市一位小学四年级学生列出的星期一的事务清单：

事务清单（星期一）
1. 起床、刷牙、洗脸
2. 吃早饭
3. 去学校上学
4. 上午课：语文、体育、英语、科学
5. 放学回家
6. 吃午饭

续表

事务清单（星期一）
7. 午休
8. 去学校上课
9. 下午课：品德、英语、课外活动
10. 放学回家
11. 写作业
12. 看电视
13. 吃晚饭
14. 洗碗
15. 给朋友小驰打电话
16. 明天小斐姐姐的生日，需要去商场购买礼物
17. 美术笔用完了，需要去超市购卖新的彩笔
18. 散步
19. 预习第二天新课
20. 看《哈利·波特》100~110页
21. 列第二天（星期二）的日程表
22. 刷牙、洗脸洗脚、上床睡觉

在列事务清单时，要注意以下几点：

● 尽可能把所有的事务都考虑到，甚至连要买什么东西，要给谁打电话这样的小事情也要考虑到。

● 一定要把事务清单写下来，落实到纸上去。如果不写下来，我们就很容易忘掉某些事情，因为每个人的记忆容量都是有限的，容易发生遗忘，正所谓"好记性不如烂笔头"。

估计每项事务的时间长度

做任何事都需要花一定的时间，因此，在制订日程表的时候，一定要考虑某一项事务需要花多长时间，这样才能科学地安排日程表的事务。

事务清单（星期一）	所需时间
1. 起床、刷牙、洗脸	20分钟
2. 吃早饭	15分钟
3. 去学校上学	20分钟
4. 上午课：语文、体育、英语、科学	8:00~11:20（时间固定，不需估计）
5. 放学回家	20分钟
6. 吃午饭	20分钟
7. 午休	60分钟
8. 去学校上课	20分钟
9. 下午课：品德、英语、课外活动	1:30~4:30（时间固定，不需估计）
10. 放学回家	20分钟
11. 写作业	40分钟
12. 看电视	40分钟
13. 吃晚饭	25分钟
14. 洗碗	10分钟
15. 给朋友小驰打电话	5分钟
16. 明天小斐姐姐的生日，需要去商场购买礼物	30分钟
17. 美术笔用完了，需要去超市购卖新的彩笔	20分钟
18. 散步	30分钟
19. 预习第二天新课	40分钟
20. 看《哈利·波特》100~110页	30分钟
21. 列第二天（星期二）的日程表	20分钟
22. 刷牙、洗脸洗脚、上床睡觉	10分钟

应该注意的是：在估计每项事务所需时间时，一般要高估，可以高估出25%，甚至50%的时间，这样做可以使孩子感到不是那么紧张，在做每件事的间隙有放松的时间，也有利于留出时间处理突发事情（比如接电话）。多余的空闲时间，孩子也可以做一些自己感兴趣的事情，作为对他有效管理时间的奖赏。

列出事务清单，估计完每项事务所需时间以后，孩子就会惊喜地发现，有一些事情可以一起做，比如购买生日礼物和购买新的彩笔就可以一次完成，这样就比两次购买省下差不多二三十分钟时间。再仔细一想，购买这些东西可以在放学回家的路上进行，多绕一点路，多花10分钟时间，这样就不用专门跑一次商场，又省下不少时间。列日程表的好处还真不少！

把个人事务与个人时间结合起来

相比前两个步骤，第三个步骤就简单多了，第三个步骤就是把孩子每天要做的事务与时间结合起来，稍加修整，就成功制作成每日的日程表了。

固定时间和空白时间

先标出起床和睡觉的时间，再填上上课时间、上学来回的时间、课后必需的活动时间。这些都是固定时间，把这些要保证时间的事项填完，再看看空白的地方，这就是你要利用的部分。空白时间属于家庭作业、兴趣爱好、娱乐、交友和家人了。

日期_____ 星期_____

时　间	事　务	完 成 情 况
7:00~7:20	起床、刷牙、洗脸	☐
7:20~7:35	吃早饭	☐
7:35~8:00	去学校上学	☐
8:00~8:40	语文	☐
8:40~8:50	课间体操	☐

续表

时　间	事　务	完 成 情 况
8:50~9:30	体育	☐
9:30~9:50	课间休息	☐
9:50~10:30	英语	☐
10:30~10:40	课间休息	☐
10:40~11:20	科学	☐
11:20~11:40	放学回家	☐
11:40~12:00	吃午饭	☐
12:00~1:00	午休	☐
1:00~1:30	去学校上课	☐
1:30~2:00	品德	☐
2:00~2:10	课间休息	☐
2:10~2:40	英语	☐
2:40~3:00	课间体操	☐
3:00~3:30	英语	☐
3:30~4:30	课外活动	☐
4:30~5:10	放学回家，途中去超市购卖礼物和彩笔	☐
5:10~5:40	写作业	☐
5:40~6:30	自由支配，给朋友小驰打电话、看电视	☐
6:30~7:05	吃晚饭、洗碗	☐
7:05~7:35	运动	☐
7:35~8:00	预习第二天新课	☐
8:00~8:30	看《哈利·波特》100~110页	☐
8:30~8:50	列第二天的日程表	☐
8:50~9:00	刷牙、洗脸洗脚、上床睡觉	☐

如果按计划完成了某项事情，就可以在"完成情况"一栏的"□"打"√"，如果没有完成，就打"×"，并在"□"之后的空白处说明原因以及何时完成。

如果孩子一开始所列出的事务过多，那么总体计算下来所需要的时间，可能就会超出孩子所拥有的总体时间，这时，父母就需要指导孩子重新规划事务，去掉一些事情，将其放在周末或其他时间完成，以确保每件事情都能分配到足够的时间。

或者，父母也可以帮助孩子分析哪些事情还可以完成得更有效率，占用更少的时间，比如16:00~16:30做作业，孩子是否能够利用得更充分、高效率、高质量地完成当天的作业，这样放学后17:10~17:40的写作业时间就可以空出来了，孩子利用这段时间可以做自己感兴趣的事情，比如跟邻居好朋友打打羽毛球，锻炼身体，或者做自己喜欢的手工等。

总之，要尽量使孩子的生活安排得既丰富多彩，又不至于太紧张，这样孩子就能逐渐感受到日程表的好处和时间管理的乐趣了。

执行日程表

日程表是一种工具，像其他任何一件工具一样，其价值来源于执行。日程表制订得再完美，如果不执行，都只不过是白日梦。

每日日程表制订以后，下面孩子要做的就是按照日程表去行动。每天晚上睡觉前的最后一件事情，就是先检查当天日程表执行的情况，然后对照课程表、每周日程表制订第二天的日程表。

执行日程表对孩子来说并非一件容易的事情，除了需要孩子的自觉以外，还需要父母多指导、多监督。通过三到四周的坚持，这种习惯就有可能成为孩子的习惯，孩子会受益终身的。

制订每周日程表和每月日程表

制订每周日程表和每月日程表跟制订每日日程表差不多，只不过线条粗一些，主要记录一些比较重大的事情，不用特别具体，因为制订每周日程表和每月日程表的目的是为了总体把握时间。下面就是一种每周日程表的格式，可供参考：

每周日程表							
		星期一	星期二	星期三	星期四	星期五	星期六	星期天

		星期一	星期二	星期三	星期四	星期五	星期六	星期天
上午	8:00~8:40	语文	语文	语文	语文	语文	收拾房间 家务劳动	少儿英语
	课间休息							
	8:50~9:30	体育	数学	音乐	英语	数学		
	课间体操							
	9:50~10:30	数学	美术	社会	体育	数学		
	课间休息							
	10:40~11:20	科学	体育	英语	数学	英语		
中午	放学回家、午饭、午休、去学校上学						看望奶奶	
下午	1:30~2:00	品德	音乐	数学	数学	书法	乒乓球	书店买书
	2:10~2:40	英语	计算机	班会	语文	语文		
	课间体操							
	3:00~3:30	英语	英语	管乐队	游泳	兴趣小组		
	3:30~4:00	自习	自习		自习			
	4:00~4:30	作业	作业		作业			
晚上							看电影	列下周日程表

对于每月日程表，父母可以跟孩子依照挂历设计一份。每月日程表的线条可以更粗一些，比如说6月6号是爷爷的生日，那么在每月日程表6月6

日这一天标上"爷爷生日"即可。

4. 让孩子看到自己的进步

评估是习惯培养中一个必不可少的环节。通过评估，孩子可以知道哪些地方做得很好，哪些地方还有待改善、有待调整。

每天晚上，在孩子睡觉前，父母有必要与孩子一起评估孩子当天事务完成的情况。评估主要集中在两个方面。

一是对每天事务完成情况进行评估。

（1）如果满分是100分，我（孩子）给今天的执行情况打_____分？

为了提高孩子的积极性，父母应该引导孩子给自己打一个稍高的分数，这样孩子才会对自己更有信心。

（2）今天哪些事务完成得很好？

对当天顺利完成的事务，在日程表"完成情况"一栏的"□"打"√"。如果因为采取了某些计划之外的措施或技巧，使任务提前完成了，也要把好经验写下来，给自己一些表扬和鼓励。

（3）今天哪些事务没有完成或完成得不好？

如果没有完成或完成得不好，就打"×"，并在"□"之后的空白处说明原因以及何时完成。比如，有一些事情可以马上列入第二天的日程表，有些不紧急，则可以在每周日程表中做好记录。

二是对一周的日程表执行情况进行评估。

周日的晚上通常是制订下周日程表的时间。一周过去了，新的一周马上就要开始了，在制订下周的周日程表之前，不妨先对上一周的执行情况进行评估，试着回答下面一些问题：

（1）如果满分是100分，我（孩子）给这周的执行情况打_____分？

（2）在执行日程表方面，这周有什么经验？

（3）在执行日程表方面，今后哪些方面需要进一步改进？

（4）使用日程表以后，我（孩子）的生活得到了哪些改善？

比如：生活更有条理了，节省了不少时间，等等。

评估是手段，目的是为了更好地改进。如果孩子觉得日程表的事务太多了，忙不过来，可以采取以下四种方法进行调整：

● 删减事务。比如看电视的时间就可以适当删减。

● 事务延期。如果孩子觉得时间很紧张，可以请爸爸或妈妈代洗碗一次，洗碗的任务延期到周末。

● 减少任务。阅读10页的《哈利·波特》需要30分钟时间，如果少读5页，那么时间相应可以节省15分钟左右。

● 委托事务。可以把去商场购物的事情委托给爸爸或妈妈。

通过三到四周的坚持，不断地评估与调整，孩子会对列日程表日渐熟悉，孩子列日程表所用的时间也会越来越少，需要父母指导和监督的时间也将越来越少。用不了多久，父母就可以放手让孩子自己去做这一切，您就会发现开始花费的时间多么有价值了！

评估应该以父母积极的反馈为基础，要与一定的奖励和惩罚结合起来。如果孩子在制订日程表、做事的计划性方面表现得不错，那么父母就要趁热打铁，进行及时的奖励，给予孩子积极的反馈。在奖励时，父母要注意到以下几点：

● 奖励是手段，不是目的，不要让孩子对奖励上"瘾"。奖励的目的是使孩子将来自觉地保持某种行为习惯，使孩子在没有外在奖励的情况下仍然保持某种行为习惯。

● 在奖励时，最好针对孩子某些具体的行为，而不要笼统地奖励。比如，父母要具体告诉孩子哪一方面做得好，最值得奖励。

如果孩子在做事有计划方面表现得不够理想，父母也不必过于着急。毕竟孩子不同于成人，孩子的认识能力和坚持能力都弱于成人。父母不能拿自己的标准要求孩子。对孩子进行惩罚，父母一定要慎重，奖励为主，惩罚为辅。有一种方法惩罚——"自然后果法"，值得父母借鉴。自然后果法很简单，就是让孩子自己承受自己的行为所造成的不良后果。比如，孩子没有规划好自己的时间，结果晚上准备出去看电影时却发现数学作业忘做了。这时，父母就要狠下心来，让孩子自己承受不能外出看电影的后果。

5. 坚持就是胜利

父母的示范与鼓励

习惯的培养需要一定的环境，制订日程表的习惯基本上是在家庭内形成的，父母所起的作用至关重要，父母要为孩子养成好习惯创造适宜的家庭氛围。

● 用日程表来改善父母的生活。

21世纪是一个亲子相互学习、共同成长的时代。父母在培养孩子制订日程表的习惯时，一定要以身作则，带头把自己的日程表制订好、执行好。本书所列举的一些活动，父母也不妨亲自尝试一下，一来可以改善自己的生活；二来在引导孩子养成习惯时，更加得心应手，更容易抓住培养孩子习惯的关键环节。

● 根据孩子特点加以引导。

培养孩子制订日程表的习惯并不是一件轻而易举的事情，它需要孩子，也需要父母付出艰辛的努力。在此过程中，父母一定要开动自己的脑筋，多想想什么样的教育方法更加适合自己的孩子，比如，对自制力较强的孩子可以多给他自由发挥的空间，而对于自制力较弱的孩子，开始的时候就需要多检查、勤督促，然后逐渐降低督促检查的频率，最后才能达到孩子完全自治、自主。

● 尊重孩子的选择，才能调动孩子的主动性。

归根结底，习惯的养成最终要落实到孩子身上，日程表的制订和执行关系着孩子每日的生活。因此，父母在培养孩子制订日程表习惯的过程中，要特别注意尊重孩子的生活，尊重孩子的选择。比如，每天的自由支配时间，孩子如果愿意看电视，父母就不应该要求孩子利用这段时间阅读课外书。只有孩子按照自己的意愿制订日程表，他才有执行的主动性和积极性。

一旦全家人都有了时间管理的意识，并养成了习惯，那么您的家庭生活必将发生很大的变化。您会发现家庭生活更加井井有条了，一家人虽然各有自己的事情要完成，但大家一起欢笑、玩乐的时间却增加了。这就是时间的奇妙之处！

榜样的力量：做事有计划，让他们走向成功

有成就的人大多是时间管理的高手，在如何规划时间、管理时间、利用时间方面，有很多名人可以作为孩子的榜样，供孩子学习，给孩子以启迪。父母可以结合孩子的兴趣，为孩子提供他感兴趣、易接受的榜样。

如果孩子喜欢体育，那么不妨找一些伟大运动员的事例来激励孩子；如果孩子喜爱文学，那么文学家无疑对他们更有吸引力；如果孩子喜爱科学，也有许多科学家善用时间的故事可以与孩子分享。总之，与孩子的兴趣一致的榜样，更容易打动孩子，对孩子产生激励作用。

下面是我们为父母搜集的几个故事，有企业家、科学家，也有艺术家如何管理时间的故事，让他们帮助您去激励孩子吧。

韦尔奇的时间分配

杰克·韦尔奇是通用电气公司前总裁，也是享誉世界的管理大师。

他把自己的时间划分得清清楚楚，20%的时间与客户沟通，35%的时间花在会议上，10%的时间用在通电话上，5%的时间看公文。剩下来的时间，他花在一些和公司无直接关系，但间接对公司有利的活动上，例如，参加业界共同开发技术的专案、总统召集的关于贸易协商的咨询委员会等活动。当然，每天他也留出一些空闲时间来处理突发情况，例如接受新闻界的访问等。

他每天清晨6点之前准时来到办公室，先是默读15分钟经营管理哲学的书籍，然后便全神贯注地开始思考本年度内不同阶段中必须完成的五六

件重要工作，以及所需采取的措施和必要的制度，接着就是重点考虑一周的工作。

他把本周内所要做的几件事情一一列在黑板上。大约8点钟左右，他在餐厅与秘书共进咖啡时，就把这些考虑好的事情——小到职工的孩子入托问题，大到公司的大政方针和计划——几乎所有他认为重要的事情都要一起商量一番，然后做出决定，由秘书具体操办。韦尔奇的时间管理法，极大地提高了个人和公司的工作效率，其他美国公司纷纷效仿。

柳比歇夫的时间记录法

苏联昆虫学家柳比歇夫，在短暂的一生中取得了丰硕的成果，发表了70多部学术著作，写了12500张稿纸的论文和专著，内容涉及昆虫学、动物学、科学史、农业遗传学、植物保护、进化论和哲学等。但他每天仍有10小时的睡眠时间，还经常参加体育锻炼、娱乐活动以及各种社会活动。他在管理时间方面有何诀窍呢？他的一个重要诀窍就是时间记录法。

柳比歇夫自1916年元旦一直到他去世的那一天，56年如一日，每天都记录时间利用的情况。写一篇文章，看一本书，甚至散步、休息、看报等，都要记下花费的时间，并从记录中发现哪些是可以有效利用的大段时间，哪些是无法保证的零碎时间。

在可以有效利用的大段时间里，他都去看书学习、写文章，专心致志，注意力高度集中，因而时间的利用率很高。至于零碎时间，他则用来演算习题、学习外语、查阅资料，做一些不需要长时间集中注意力的工作。

齐白石补闲过

著名画家齐白石在90多岁高龄时，仍然每天挥毫作画，一天至少五幅。他还题了"不教一日闲过"这句话，挂在墙上以自勉。有一次，齐白石过生日，来了很多学生、朋友祝寿，齐白石每天规定的功课自然做不成了。

第二天一早，齐白石起身后来到画室，摊纸挥毫，一张又一张画起来。家人劝他休息，他却说："昨日过生日客人多，没作画，今日追画几张，以补昨天的闲过呀！"说完，他又十分投入地画了起来。

第三章
做事分轻重缓急

帕累托定律

在经济学领域有一个帕累托定律，是20世纪初意大利统计学家、经济学家维尔弗雷多·帕累托提出的，他指出：在任何特定群体中，重要的因子通常只占少数，而不重要的因子则占多数，因此只要能控制具有重要性的少数因子即能控制全局。这个定律即所谓"二八规则"，即80%的公司利润来自20%的重要客户，其余20%的利润则来自80%的普通客户。

在时间管理方面，我们也遵循着"二八规则"，对大多数人而言，80%的有效工作往往是在20%的时间内完成的，而20%的工作是在80%的时间内完成的。因此为了提高时间利用的效率，我们要学会"把好钢用在刀刃上"，把最佳的、最有效率的时间花在那些最重要的事情上，减少花在没有效果或效果很差的事务上的时间，这就是我们要讲的内容：做事要分清轻重缓急。

我们先来通过一个故事来了解做事分轻重缓急的价值。

最有价值的一课

在时间管理领域，流传着这样一个著名的故事：

在20世纪初期，伯利恒钢铁总裁查尔斯·施瓦伯抱怨时间太少、工作做不完。他花掉了大量的时间应付一些细节和不重要的事，根本就没时间去思考更重要的时间。他向李·艾维请教，该怎么做才能解决此困境。

李·艾维说可以在10分钟内给施瓦伯一样东西，这东西能把他的公司的业绩提高至少50%。不一会儿，李·艾维把一张白纸递给施瓦伯说："把你明天要做的最重要的六件事写在这张纸上。"过了一会儿，他又说："现在用数字标明每件事情对于你和你的公司的重要性次序。"这花了施瓦伯大约5分钟时间，李·艾维又接着说："现在把这张纸放进口袋。明天早上第一件事是先把纸条拿出来，只看第一项，并立即办第一件事，直到完成为止。然后用同样的方法对待第二项、第三项……直到你下班为止。即使你只做完第五件事，那不要紧，因为你总是做着最重要的事情。"

李·艾维又说："以后每一天都是这样做，直到你对这种方法的价值深信不疑之后，再叫你公司的人也这样干。这个试验你爱做多久就做多久，然后给我寄张支票来，你认为值多少就给我多少好啦！"

这位钢铁公司的总裁试过李·艾维建议的方法后，觉得这个方法太有效了，就向同事大力推荐。几个星期以后，施瓦伯给李·艾维寄去了一张2.5万美元的支票（这在当时是一笔巨额款项），还有一封信，信上说，从钱的观点看，那是他一生中最有价值的一课。后来，施瓦伯坚持使用这套方法，在5年时间里，伯利恒钢铁公司多赚了几亿美元，这个当年不为人知的小钢铁厂逐步成为世界上最大的独立钢铁企业。

后来，施瓦伯的朋友问他为什么给这样一个简单的点子支付这么高的报酬，施瓦伯提醒他的朋友注意：后来的事实证明，我不是给多了，而是给少了，它至少价值百万。这是我学过的各种所谓高深复杂办法中最受益的一种，我和整个班子第一次拣最重要的事情先做，我认为这是我的公司多年来最有价值的一笔投资。

亲爱的父母，您读懂了其中的意义了吗？您的孩子呢？

孩子的问题，父母的麻烦

生活中，有太多的人，宁可每天让短期的忙乱小事把自己淹没，也不愿意集中精力做重要的事，没有把下一步行动着眼于长期的关键任务和目标。而在孩子身上，父母也常常会发现这样的问题：

● 快考试了，孩子也不知道早点开始复习，非要等到临考前几天才开始着急，每天熬夜到一两点。早点着手，不就用不着这样了吗？

● 我的孩子太没主见，别人让他干什么，他就去干什么。总是忙活了半天，自己的事还一点没干呢！

● 孩子整天忙忙碌碌，日程表排得也是满满的，看起来非常用功、非常辛苦，但成绩就是上不去。

● 让我的孩子开始学习太难了，准备工作他就得做上半天，比如收拾书桌、削铅笔等，看着真让人着急！好不容易开始学习了，他一会儿又要打个电话，一会儿又想起来第二天要用的蜡笔，专心学习的时间实在太少了！

孩子的这些问题都有一个共同点，那就是做事不分轻重缓急，不分主次，从而导致做事效率不高。

事实上，按照每件事情的轻重缓急来安排事情的先后顺序，是在制订日程表时必须考虑的一个重要因素。我们之所以把它作为一个单独的习惯来谈，正是为了突出它在时间管理中的重要性。正如一句名言所说：谁能完美地安排好事情的先后顺序，谁就能把时间掌握在自己手中。

1. 孩子，做事为什么要分轻重缓急

游戏一：黄豆、乒乓球与玻璃杯

下面，我们邀请父母和孩子一起来做两个小游戏，帮助孩子认识什么是轻重缓急以及做事分轻重缓急的重要性。

这个游戏的过程也很简单，共有五个步骤。

第一步：在一张桌子上，放着一个玻璃杯，将一个乒乓球放进玻璃杯里。

第二步：把黄豆放进装有乒乓球的杯子中，为了不留空隙，要持续不断地摇晃杯子，使黄豆顺着缝隙不断挤进杯子底部，直到黄豆充满整个杯子。

第三步：把黄豆和乒乓球倒出来，腾空杯子，并把倒出来的黄豆收集好，以备再用。

第四步：把刚才从杯子里倒出来的黄豆，放在空的玻璃杯里。

第五步：再把乒乓球放进装有黄豆的玻璃杯里。

不难发现，到了第五步时，乒乓球已经不能全部放进玻璃杯了。

做完这个游戏以后，父母跟孩子讨论，为什么按照第二种做法乒乓球不能被放进玻璃杯，引导孩子分析其中的原因——放黄豆与放乒乓球的顺序改变了。

接着让孩子思考这样一个问题：如果玻璃杯代表一个人一天的时间，那么乒乓球代表生活中什么样的事务？黄豆又代表什么呢？

最后，父母引导孩子得出这样的认识：乒乓球代表生活中比较重要的事务，黄豆代表生活中不重要、琐碎的事务。在日常生活和学习中，要先分配时间做那些重要的事务，再利用空闲时间和零碎时间做那些不重要的、琐碎的事务。

游戏二：大石块、碎石块、细沙和水

游戏主持人：爸爸或妈妈中的一方担任游戏的主持人，主持人的任务是宣布游戏规则，控制游戏进程，记录游戏时间，判定游戏胜负。

游戏参与者：爸爸或妈妈，孩子。

游戏材料：2个容量为1000毫升、外形相同的杯子，大石块若干，碎石块若干，细沙若干，水若干。

游戏奖品：自定。

游戏过程：

1．主持人把游戏材料平均分成两份，即每组一个杯子，大石块若干，碎石块若干，细沙若干，水若干。每份的大石块、碎石块和细沙的体积要约为杯子体积的一倍半到两倍。

2．主持人宣布游戏任务和游戏规则：要求各方把这四类物品装入杯中，谁的杯子里放置的物品量最多（或者谁杯子外所剩的游戏材料最少），谁就是优胜者。

3．主持人宣布游戏开始。

4．游戏进行中……

5．主持人宣布游戏结果，判定胜者，并颁发奖品。

6．游戏反思：各方人员分别展示自己的成果（已装满的杯子），并向大家解释为什么要这样放置，其合理性是什么。

7．主持人提问：

（1）通过这次活动你有什么感想？

（2）如果把杯子比作一个人每天的时间，杯子的容量比作一个人一天内的最大工作量，那么大石块、碎石、细沙和水各代表什么样的事务？

（3）你平时如何安排自己的生活和学习活动？

（4）将来要如何安排你的活动，才能最有效、最合理地利用时间？

2. 孩子做事分轻重缓急吗

父母可以用下面这个小问卷来评估孩子在做事分轻重缓急方面做得如何。

1. 做事没顺序。

是 □　　　　否 □

2. 先做喜欢做的事，后做不喜欢做的事。

是 □　　　　否 □

3. 先做熟悉的事，后做不熟悉的事。

是 □　　　　否 □

4. 先做容易做的事，后做难做的事。

是 □　　　　否 □

5. 先做不费时间的事，后做需要花大量时间的事。

是 □　　　　否 □

6. 先处理资料齐全的事，然后再处理资料不齐全的事。

是 □　　　　否 □

7. 先做已经排定时间的事，后做未经排定时间的事。

是 □　　　　否 □

8. 先做经过筹划的事，后做未经筹划的事。

是 □　　　　否 □

9. 先做别人交代的事，后做自己的事。

是 □　　　　否 □

10. 先做有趣的事，后做枯燥的事。

是 □　　　　否 □

以上这些做法都不符合有效的时间管理的要求，也不符合我们前面讲到的时间管理对四个区域的要求。因为做事分清轻重缓急的习惯要求我们在做事时要以自己的目标为导向，对于实现目标有益的事情要多做、优先做，而与之相反的事情则要尽量少做。

　　如果孩子在大多数题目上的回答为"是"，那么说明孩子做事不分轻重缓急，需要培养做事分轻重缓急的习惯。如果孩子在大多数题目上的回答为"否"，那么说明孩子较好地把握住了做事的主次，生活比较有条理，做事也比较有成效。

3. 如何分清轻重缓急

认识时间矩阵

　　前面两个游戏的目的都是帮助孩子认识什么是事情的轻重缓急。轻重缓急包含着两个维度："轻重"指事情的重要性；"缓急"指事情的急迫性。根据这两个维度，所有的事情都可以分为四个区域，这就是管理学上著名的"时间矩阵"。

时 间 矩 阵		
	急迫的	不急迫的
重要的	一级优先	二级优先
不重要的	三级优先	四级优先

　　在游戏二中，大石块象征既重要又紧急的事务（一级优先）；碎石象征重要但不紧急的事务（二级优先）；细沙象征紧急但不重要的事务（三级优先）；水象征着既不重要又不紧急的事务（四级优先）。下面我们来看看它们在时间管理中的用处。

　　一级优先：重要、紧急的事务，它们是紧急的、迫切需要解决的事务，是最后期限马上到来的事务。这个区域又被称作"救火区域"，对于该区域的事务，现在就要做，而且要做好。

二级优先：重要、但不紧急的事务，它们往往是一些新的机遇，又被称作"快乐区域"；对于该区域的事务，应该制订计划、有步骤地完成，并用主要的精力和时间来完成。

三级优先：紧急但不重要的事务，它们是日常事务和某些意外干扰，又被称作"假忙区域"；对于该区域的事务，要求尽快完成，但不要占用太多时间，可以用一些零碎时间来完成。

四级优先：不紧急、不重要的事务，它们是一些杂乱琐事，又被称作"游戏区域"。对于该区域的事务，不用马上去做，可以抽闲暇时间去做；如果没有闲暇时间，可以请人代替自己做。

明白了这四个区域所代表的事务以后，父母还要帮助孩子认识到这四个区域的事务是可以相互转化的。比如，两周后好朋友小明过生日，需要准备礼物，本来这件事情一点也不紧迫，但如果不安排时间去做的话，到了两周以后，这件事情就变成了紧迫的事情，因为马上就是小明的生日了。

6个步骤分清轻重缓急

步骤1：列出事务清单

对于列事务清单，相信父母和孩子一定不陌生了。我们假设一个小学四年级的孩子在星期一晚上上床睡觉前，列出的第二天（星期二）的事务清单中包含以下四项内容：

1. 复习数学，迎接本周三上午的单元测试。
2. 奥数课。
3. 购买礼物，明天是好朋友小墨的生日。
4. 打电话，跟好朋友小欣聊天。

步骤2：判定事务的重要性

一件事务重要还是不重要，标准往往是主观的、相对的，是跟孩子的需要联系在一起的。判断一件事情重要还是不重要，一般可以遵循三条标准：

第一条标准：是否能直接为实现目标服务。事情重要不重要，是相对于目标而言的，没有目标，也就不存在事情的重要性问题。

第二条标准：能否为实现目标创造条件。有些事情并不能直接对实现目标产生作用，但可以为实现目标创造条件。

第三条标准：能否有助于预防危机的出现。许多事情与目标并不直接关联，而一旦出现了某种危机的局面，这种关联性才发生。例如每年去医院检查一次身体，每天坚持锻炼身体等，都属于为预防危机而做的事情，这些事情的效果在短期内可能看不出来，但从长期来看，却是不可缺少的。

判定一件事情是重要的，它至少要符合上述三条标准之中的一条，如果符合两条或三条，那么就说明这件事是特别重要的。

对于孩子而言，可以通过下面的方法来判定某件事情的重要性，并对事情的重要性进行量化，即对事情的重要性进行打分。

如果某一事务"非常重要"，就打"5"分，如果"可有可无"，就打"1"分，打分标准如下：

非常重要	重要	不很重要	不重要	可有可无
5	4	3	2	1

以上述三条标准为依据，父母可以与孩子一起讨论、比较，给不同的事务进行打分。比如，某小学四年级学生打分如下：

事　务	重要性分数
1. 复习数学，迎接本周三上午的单元测试。	4
2. 一个月后的游泳比赛。	5
3. 购买礼物，明天是好朋友小墨的生日。	2
4. 打电话，跟好朋友小欣聊天。	1

步骤3：判定事务的紧迫性

相对于事务的重要性，一件事情的紧迫性我们往往可以直接感受到。

49

比如，孩子在学校里玩耍时，突然感到肚子痛，痛得受不了，那么这件事情就很紧急。但是紧迫性也是主观的、相对的，需要通过比较才能得出。

跟判定事务的重要性一样，我们也可以给事务的紧迫性进行打分。

如果某一事务"非常急迫"，就打"5"分，如果"可以推迟"，就打"1"分，打分标准如下：

非常急迫	急迫	不很急迫	不急迫	可以推迟
5	4	3	2	1

父母可以试着与孩子一起通过比较，给不同的事务进行打分。比如，某小学四年级学生打分如下：

事　务	急迫性分数
1. 复习数学，迎接本周三上午的单元测试。	5
2. 一个月后的游泳比赛。	4
3. 购买礼物，明天是好朋友小墨的生日。	5
4. 打电话，跟好朋友小欣聊天。	1

步骤4：把事务与打分结果汇总起来

如下表所示，把事务与重要性、紧迫性的打分结合起来。

	非常紧迫（5）	紧迫（4）	不很紧迫（3）	不紧迫（2）	可以推迟（1）
非常重要（5）		游泳比赛			
重要（4）	复习数学				
不很重要（3）					
不重要（2）	购买礼物				
可有可无（1）					打电话聊天

步骤5：给事务排序

按照重要性、急迫性得分给事务排序。比如，上述事务的排序以及对应的优先次序如下：

1. 复习数学，迎接本周三上午的单元测试。……………………第一优先
2. 游泳比赛。……………………………………………………第二优先
3. 购买礼物，明天是好朋友小墨的生日。……………………第三优先
4. 打电话，跟好朋友小欣聊天。………………………………第四优先

步骤6：分类处理

正确的做事顺序是：

第一优先——重要、急迫的事情；

第二优先——重要，但不急迫的事情；

第三优先——不重要，但急迫的事情；

第四优先——不重要、不急迫的事情。

第一优先的事务，要马上去做，一定要做好。

第二优先的事务，每天要安排相当比例的时间去做。

第三优先的事务，可以委托别人去做，如果自己做，尽量利用零碎时间、空闲时间去做。

第四优先的事务，可以委托别人去做，可以推迟做，也可以放弃，以节约时间做重要的事情。

4. 孩子做到要事优先了吗

今天分轻重缓急了吗

每天晚上孩子睡觉前，开始评估当天的日程表执行情况的时候，同时评估一下孩子在区分轻重缓急方面做得怎么样。

1. 今天做了哪些重要的事？
2. 今天做了哪些不重要的事？

3. 今天花费了多少时间做重要的事？

4. 今天花费了多少时间做不重要的事？

在制订第二天日程表的同时，要把轻重缓急的因素考虑进去，根据分清轻重缓急的6个步骤，对每件事务的重要性和紧迫性进行评分，最终得出排序。

孩子的时间分配怎么样

一周以后，父母可以跟孩子一起总结上一周孩子的时间分配状况，评估孩子在轻重缓急方面做得怎么样。

上一周，孩子花了

_____%的时间做第一优先的事务。

_____%的时间做第二优先的事务。

_____%的时间做第三优先的事务。

_____%的时间做第四优先的事务。

如果第一优先的事务所占比重较大，第二优先的事务所占比重较小，这说明孩子的生活老是在救急，对第二优先的事务重视程度不够，因为人们普遍的惯性是先做最紧急的事，而这样做往往会导致将"重要但不紧迫"的事情拖成"重要而紧迫"的事情，甚至会最终将一些重要的事情荒废掉。事实证明，如果把所有的"重要但不紧迫"的事情做好了，就会降低"重要而紧迫的事情"的比例。对于这种情况，孩子需要把更多的时间分配给第二优先的事务。

如果第三优先和第四优先的事务所占比重较大，这说明孩子的生活被日常琐事缠身，整天做那些对自己意义不太大的小事，忽视了那些重要的、对自己未来发展具有重要影响的事务。对于这种情形，孩子需要花更多的时间在第一优先和第二优先的事务上，这样做，做事才更有成效。

评估的目的是为了让孩子更好地把握做事的主次。根据评估的结果，应及时调整事务的优先次序。因为事务的优先次序会随时间的推移和人们认识的改变而改变，今天是重要的事情，明天也许变得不重要了；今天不重要的事情，明天也许是最重要的。这需要我们随着客观事物的变化而改变优先顺序的设置。

评估要跟父母的积极反馈结合起来，要学会表扬和鼓励孩子。做事情要分清轻重缓急，听起来好像很容易，但做起来却很难。小学的孩子，对未来的认识很模糊，并不容易区分什么事情对他重要，什么事情对他不重要，常常只看到眼前，看不到未来。对此，父母可以采取这样一种方法：事先告诉孩子他可能获得的奖励，以激起孩子的期望，激发孩子做事分轻重缓急的主动性。一旦孩子的行为朝着期望的方向发展，就及时对孩子进行奖励。

5. 好环境，好习惯

"你的时间你做主"

像培养任何一个习惯一样，父母的榜样作用十分重要，父母的榜样作用对孩子有潜移默化的影响。如果父母没有做事分清轻重缓急的习惯，那么，请父母跟孩子一起学习提高；如果父母做事分轻重缓急，那么就现身说法，跟孩子分享自己的亲身体验，相信效果会更理想。

判断事务是否重要、是否急迫的标准往往是主观的，因人而异。父母觉得重要的，孩子未必觉得重要；父母觉得急迫的事情，孩子也未必会感到急迫。父母在指导孩子做事分清轻重缓急时，一定不要包办代替，而是要想办法让孩子认识到哪些事务重要，哪些事务急迫。孩子只有真正认识到了什么重要、什么急迫，他才能真正把重要的事情、急迫的事情放到优先的位置，他的生活才能更有成效。

全家总动员

对于很多人来说，不管是孩子还是成年人，轻重缓急虽然是一个常见的概念，但按照轻重缓急将生活中的事情分成四类，可能还是一个新鲜的概念。父母和孩子一起学习一个新概念、新做法，这样的经历也是一种能够吸引孩子的教育方式。

在本章有关"榜样教育"的内容中，我们希望父母能够运用这个概念去分析和反思自己做事的方式，并将您的心得与孩子分享；您也可以试着去发现身边的人哪些做法符合轻重缓急的要求，他对您有什么样的启发。将您的思考过程与孩子分享，让孩子能够看到父母学习的过程，这样的教育将对孩子产生深远的影响。

第四章
做事讲效率

富兰克林的故事

在时间管理领域，流传着这样一个与富兰克林有关的故事：

有一天，一位男青年在富兰克林印刷所开办的书亭前犹豫了很长时间，他手指着一本书问店员："这本书要价多少钱？"

"1美元。"店员回答说。

"1美元？"这人又问："您能不能少要点？"

"定价就是1美元。"店员重复说。

这位青年男子又看了一会儿，然后问："富兰克林先生在吗？"

"在，"店员说，"他正在印刷所里忙着呢。"

　　"那好，我要见见他。"这位男青年坚持要见富兰克林，于是富兰克林被请了出来。

　　男青年问："富兰克林先生，这本书您能出的最低价格是多少？"

　　"1美元25美分。"富兰克林直截了当地说。

　　"1美元25美分？您的店员刚刚才要1美元呢！"男青年感到吃惊。

　　"没错。"富兰克林说，"但是，我情愿倒给你1美元，也不愿意离开我的工作岗位。"

　　这位青年更惊异了。他想：算了，干脆早点结束这场争论吧。于是说："好吧，先生，按您的意见，您说这本书最少要多少钱？"

　　"1美元50美分。"富兰克林坚定地说。

　　"您刚才不是还说1美元25美分吗？"青年人更加吃惊。

　　"对。"富兰克林冷冷地说，"我现在能出的最低价钱就是1美元50美分。"

　　富兰克林是美国著名的政治家，他最早提出了"时间就是金钱"的说法。在上面这个故事里，青年讨价还价的过程中，时间已经无价值地溜走了，所以富兰克林认为，青年要为此付出更高的代价。

　　时间对我们每个人都很重要，它比金钱更珍贵，它是生命，它使一切成为可能。鲁迅先生说："浪费自己的时间等于慢性自杀，浪费别人的时间等于谋财害命。"科学家柳比歇夫分析得更透彻："人最宝贵的是生命。但是仔细分析一下这个生命，可以说，最宝贵的是时间。因为生命是由时间构成的，是一分分、一秒秒累积起来的。"时间就是生命，把握了时间，也就把握了自己的生命和自己的命运。

　　天底下的所有父母都盼望孩子有一个美好的未来，而未来就在今天。把握今天，把握时间，也就把握了明天，把握了未来，把握了美好的人生，因为人生就是由今天一分一秒的时间构成的。

1. 为什么做事要讲效率

游戏：一个人有多少时间

时钟在永不停歇地旋转，时光似乎没有尽头。但是，对于我们每一个人而言，时间绝对是有限而短暂的。

下面是一个来自台湾的十分钟游戏，十分经典，也十分简单，希望父母能跟孩子一起做，算一算我们所拥有的时间，共同体会时间的珍贵。

最好由父亲、母亲和孩子共同完成这个游戏，父母中的一人担当游戏的主持人，另外一人与孩子一起做这个游戏。

主持人：假如现在每个人的寿命介于0~100岁，接下来我们一起来玩一个游戏。请准备一张长条纸，用笔把它分成10等份，每一份代表10年的生命。在长条纸上标上生命的刻度，从10一直标到100，最左边的空余部分写上"生"字，代表生命的开端，最右边的空余部分写上"死"字，代表生命的终结。

主持人：下面我给大家出几个问题，请大家按我的要求去做。

第一个问题：请问你现在几岁了？（主持人把相应的部分从前面撕掉）

过去的生命再也回不来了！请彻底撕干净！

第二个问题：请问你想活到几十岁？（如果不想活到100岁的话就从后面把那部分撕掉）

第三个问题：请问你想几十岁退休？（请把相应的退休以后的部分从后面撕下来，不用撕碎，放在桌子上）

就剩这么长了，这是你可以用来学习和工作的时间。

第四个问题：请问一天24小时你会如何分配？

一般人通常是睡觉8小时，占了1/3；吃饭、休息、聊天、看电视、游玩等又占了1/3；真正可以用来学习和工作的时间大约8小时，只占1/3。

所以请将剩下的纸条折成三等份，并把2/3撕下来，放在桌子上。

第五个问题：请用左手拿起剩下的1/3，用右手把退休那一段和刚才撕下的2/3加在一起，比照一下，你总共有多少时间用来工作和学习？

这个游戏，你和孩子按要求做完了吗？你有什么感想？与孩子分享彼此的感受。

游戏的目的就在于让孩子认识到生命是由分分秒秒的时间所组成。要想在有限的生命里有所作为，就一定要珍惜有限的时间，不要虚度人生美好的光阴，否则只能留下"少壮不努力，老大徒伤悲"的悔恨。从现在开始，好好利用时间，巧妙地安排时间，提高时间的使用效率，创造美好生活。

认识时间：时间有哪些特点

经过前面两项活动，孩子对时间已经有了感性的理解和体悟，那么接下来，让我们帮助孩子将这些认识加以总结和提升。请父母和孩子想一想，时间有哪些特点呢？

下面列举了时间的一些特点，供父母参考。

● 时间的单向流动性：时间是一维的，只能按照过去、现在、未来的方向流逝。

● 时间无法储存：过去的时间一去不复返，将来的时间不能预支。

● 时间的抽象性：时间无踪无影，看不见，摸不着。

● 时间不会停止：时间不以个人意志为转移，时间的流逝会永不停息。

● 时间的公正性：时间最不偏私，不管你是什么身份、什么地位，任何人每天都有24小时。

● 时间的不可替代性：任何资源都替代不了时间。

……

对于时间的特点，不同的人会有不同的感受。对于婴儿来说，他只会慢慢地爬，时间也就好像在慢慢地爬；对于活泼好动的小学生，时间刚刚迈开前进的步伐；而对于成人来说，时间早已变作奔腾的骏马。所以，对于上面的问题，孩子给出的答案可能与父母的答案不同。没关系，重要的是，孩子对于这个问题已经开始思考了。随着时间的流逝，他的答案将越来越丰富。

2. 孩子做事讲效率吗

1. 在制订日程表时，是否会考虑如何把几件事结合起来做以节约时间？

   是 □　　　　　否 □

2. 做事情时，是否会想办法尽快把事情做完？

   是 □　　　　　否 □

3. 在一些零散的时间，比如等人的时候、等电话的时候，是否总能找到感兴趣的事来做，而不会百无聊赖？

   是 □　　　　　否 □

4. 给同学打电话前，是否会提前想好有哪几件事？

   是 □　　　　　否 □

5. 早晨醒来时，能及时起床吗？

   是 □　　　　　否 □

对于以上5个问题，如果孩子的回答大多是"否"，那么说明孩子做事效率不高，节约时间的意识不够，需要父母帮助他掌握统筹安排时间的技巧，养成巧妙安排时间的习惯，以使孩子的生活更充实，也更有效率。

3. 如何做事有效率

烧水泡茶的学问

华罗庚曾经举过一个十分经典的例子，是关于如何统筹安排时间、提高做事效率的：

有一个人为了招待朋友，准备烧水泡茶。这个工作有五道工序：烧开水、洗茶壶、洗茶杯、拿茶叶、沏茶。各道工序用时表：烧开水15分钟、洗茶壶2分钟、洗茶杯1分钟、拿茶叶1分钟、沏茶1分钟。

第一种方法

第一步：烧水；

第二步：水烧开后，洗茶壶、茶杯；

第三步：沏茶。

第二种方法

第一步：烧水；

第二步：在烧水过程中，洗茶壶、洗茶杯、拿茶叶；

第三步：水烧开后沏茶。

用第一种方法所花的时间为20分钟，用第二种方法所花的时间仅为16分钟。一样的条件，运用的方案不同，取得的效果可以相差几倍甚至几十倍。这就是统筹安排时间的好处。

统筹安排时间

时间统筹的思想来源于运筹学原理，通过合理安排事情次序，能够最充分地节约和利用时间，最充分地利用和开发资源。统筹是通盘统一筹划的意思，是一种数学方法，时间统筹是巧妙利用时间的艺术，是合理安排、提高效率的一种方法。

统筹方法在日常生活中的应用很普遍。如晨起后，我们往往习惯在炉灶上放一壶水及热早饭，接着去刷牙、洗脸、整理房间等。等这些事干完，水也开了，饭也热了，便可灌开水、用早餐。我们在前面讲到的华罗庚烧水泡茶，也是时间统筹的一个经典例子。

父母可以用下面这道题目，引起孩子对统筹方法的兴趣。请孩子运用他的智慧，以最快的速度告诉你这道题的答案。

一个饼有两面，煎熟一面饼要花1分钟的时间，总共有2个煎锅、3个饼，请问最快用几分钟可以煎熟这3个饼？

请孩子给出他的答案，并说明理由。正确答案是3分钟。在这个过程中，孩子会认识到，做同一件事情，可以有不同的方案。在我们的日常生活、学习中，如果能够统筹安排时间，就能少费时、少费事，多干活、干好活，节省时间，提高效率。

接下来，就让孩子想一想下面三个问题：

在生活中，还有哪些地方用到了统筹的方法？

在生活中，哪些地方由于没有用好统筹方法，而浪费了时间？

怎么样才能运用统筹方法，更好地做事情呢？

零碎时间做零散事

在第二章中，孩子已经学会了制订日程表，孩子每天的时间，似乎已经被日程表里的计划占满了。但实际情况是这样吗？

在课堂上，老师拿了一个瓶子，往里面装小石头，装满以后问学生："满了吗？"

学生回答："满了。"

接着老师继续往里面装沙子，沙子装到瓶口后，老师又问："满了吗？"

学生回答："满了。"

然后，老师继续向看起来没有一点空隙的瓶子灌水……

在我们生活中，计划就像瓶子里的小石头，虽然紧挨着，却仍留下了许多空隙。有许多零碎的时间，常常被我们忽略。比如，茶余饭后等人的时间，等车的时间，排队购物的时间，提前到校的时间，比预定时间早完成计划的时间，临睡前的时间等。这一段段的零碎时间，看起来短暂，但累积起来，却是个不小的数目。

与孩子一起想一想，自己的生活中还有哪些零碎时间可以利用？

如果能充分利用零碎时间，也能带来很大的收获。享利·福特曾说："就我所观察到的一切，我发现，大多数能在事业上领先一步的人，正是那些能够将他人闲置的时间进行合理利用的人。"

数学家苏步青说："我的时间有限，'没有整匹布'，我挤时间的办法就是充分利用'零布头'，把1分钟、2分钟的时间都利用起来，这样'零布头'也能派上用场。"

美国已故总统肯尼迪，不管什么时候，口袋里总放着一本袖珍书，一旦有了闲暇，哪怕是5分钟都要随手拿出来阅读。

有位同学在全市英语词汇竞赛中获得第一，当被问到他怎么记了那么多单词时，他的回答很简单："日积月累，每天都利用一些零星时间，随时记单词，单词本就装在我的口袋里。"

一位小学一年级孩子的妈妈巧妙地利用了送孩子上学和接孩子放学路上的15分钟，不仅帮助孩子复习了所学的知识，也为孩子的学习增添了不少乐趣，激发了孩子的学习兴趣。

的确，如果孩子能够在父母的帮助下养成利用零碎时间的习惯，将零碎时间拿来做一些重要的小事，不仅会为自己争取到更多的时间，也会让生活妙趣横生。下面列出了一些孩子的做法：

● 早晨起床洗漱的时间，记一遍贴在洗手间墙上的单词；

● 在每天上学的班车上，听英语或者喜欢的音乐。跟好朋友聊天当然也是不错的选择；

● 临睡前，躺在床上，回顾一天所学的内容，或者想一下明天要做的事；

● 等车或者等人的时间，看一本喜欢的小书，或者观察一下身边的人和事。

对于如何利用这些零碎时间，您或者孩子有哪些好主意呢？

4. 孩子会利用时间了吗

请孩子每天记录自己的日常活动，坚持一周时间，就有足够多的信息供评估之用。这样，在一周结束的时候，父母就可以和孩子一起对孩子上周的时间利用状况进行评估。为了调动孩子的积极性，父母最好从正面入手，评估孩子上周时间节约的状况。下面，请拿出一张纸，在纸上回答下面的问题：

（1）上一周总共节省了多少时间？

（2）这些时间是在哪些事情上被节省下来的？

（3）为什么这些时间被节省下来了？

（4）以后应该怎么做才能节省更多的时间？

（5）上一周总共浪费了多少时间？

（6）这些事情是在哪些事情上被浪费掉的？

（7）为什么这些时间被浪费掉了？

（8）以后应该如何避免浪费时间？

在引导孩子进行评估时，父母应当注意一点，孩子是评估的主角。对于自己的问题，孩子自己最有发言权，父母在一旁是参谋、是顾问，在引导孩子评估时，多问问孩子的意见，多问问孩子自己是怎么样想的。只有孩子自己意识到哪些时间被浪费掉了，他才最有可能去改正。

5. 让习惯与生活自然融合

做家务一样可以讲效率

在做家务事时，同样也要讲求统筹安排，才能有效率。每个周末，可能是很多家庭大扫除的时间，孩子当然有义务一起参加。这时，父母可以有意识地跟孩子一起商量，应该如何分配家务活，才能更有效率地完成。每次记下所用的时间，如果因为时间统筹得当，节约了一些时间，全家就可以一起做一些开心的事情，让孩子尝到时间统筹的甜头！

放松也是一种时间管理

读完这一章，一些人可能会觉得喘不过气来，每天这样"挤"时间，一分钟也不能浪费，生活岂不是太累了！孩子哪里受得了？

其实，统筹安排时间，利用零碎的时间，并不是让孩子忙个不停。挤出来的时间，并不一定要用来工作或学习。如果因为时间安排得好，孩子的学习和其他事情能够更有效率地完成，那么他就可以找到更多的时间来放松自己。放松并不是浪费时间，而是一种很好的利用时间的方式。当然，放松也并不是无所事事地待着，只有学会积极地放松，孩子才能保持精力充沛，神清气爽，做起事来才能更有效率。

在做事讲效率方面，最好的做法莫过于把习惯培养跟生活紧密结合起来，这样既不增加孩子的负担，又在无形之中提高了生活和学习效率，一举两得。

父母的鼓励，孩子的动力

父母对孩子的时间安排情况要给予积极的反馈，选择合适的强化物对孩子进行及时的强化。强化物的种类很多，如消费性强化物（指巧克力、饮料、水果等一次性消费的物品）、活动性强化物（指看电视、看电影、看球赛、打乒乓球、逛公园等属于休闲性质的活动）、操作性强化物（指变形金刚、玩具汽车、玩具水枪等可以反复使用的物品）、拥有性强化物（指电脑、宠物、衣服、文具盒等在一段时间内可以拥有并享用的物品）和社会性强化物（指精神层面的奖励，如拥抱、微笑、口头夸奖等）。父母可以根据孩子的兴趣和爱好，从中选取适当的强化物以激励孩子，更好地培养孩子做事讲效率的习惯。

在时间管理上，时间本身就是一种很好的强化物。如父母可以把孩子通过统筹的时间安排节省下来的时间奖励给孩子，让孩子自由地做感兴趣的事情。

当然，如果孩子因为时间没有安排好而耽误了某些重要的事情，那么父母最好让孩子自己去承受因耽误所带来的后果，这就是我们在前面提到的自然后果法。

第五章
做事不拖拉

寒号鸟的悲剧

小时候，我们经常听到这样一个有关寒号鸟的故事：

传说五台山的悬崖上曾生长着一种与众不同的鸟：它长着四只脚，两只光秃秃的肉翅膀，却不会像一般鸟那样飞行，人们都叫它"寒号鸟"。

在草长莺飞的春天，草碧树绿的夏天，稻香满空的秋天，寒号鸟都整日东游西荡，还一个劲儿地向其他鸟儿骄傲地展示它一身绚丽多彩的羽毛。

随着隆冬将至，其他的鸟儿都各自忙开了：它们有的开始结伴飞到南方，准备在那里度过温暖的冬天；留下来的，就整天忙着积聚食物、衔草筑巢。唯独寒号鸟浑然不把如何过冬当一回事。

转眼间，冬天来临，天气一天比一天冷，其他鸟儿们都换上了厚密的羽绒新装，而且待在温暖巢窠里。这时的寒号鸟，身上漂亮的羽毛都脱落光了。夜间，它还躲在石缝里，冻得浑身直哆嗦，不停地叫着："哆嗦嗦，寒风冻死我，明天就垒窝……"

等到天亮后，太阳出来了，温暖的阳光一照，寒号鸟又忘记了夜晚的寒冷，于是它又不停地唱道："得过且过！得过且过！太阳下面好暖和！太阳下面好暖和！"

寒号鸟就这样一天天地混着，过一天是一天，一直没能给自己造一个窝。最后，它没能度过寒冷的冬天，终于冻死在岩石缝里了。

亲爱的父母，再给您的孩子讲一讲这个故事吧。您能讲出新意吗？悲剧的背后是什么在起作用？

拖拉的孩子

"伟伟！放学回家后要先写作业哦！"

"我知道了！我休息一下就去写。"

"伟伟！你怎么还没开始写作业呢？"

"等一下！我把这个卡通片看完了就去写。"

"伟伟！你已经看了一个多小时了，赶快去写作业吧！"

"好了！马上就看完了，等我吃完饭就去写。"

"伟伟，你每天都这样，不到最后不写作业！"

"我保证，明天不会这样了，明天一定放学后就写作业！"

"唉！你已经保证过好几回了……"

这是一位妈妈在描述自己上小学的孩子。这样的对话、这样的情景是不是每天也在您的家中上演呢？您的孩子是否也像伟伟一样呢？

另一位父亲也深有感触地描述他孩子的拖拉：

"叫孩子起床成为一件特别困难的事情。一遍一遍地喊，孩子还是不回应，好不容易连推带搡地把孩子弄醒了，等他睁开眼睛穿衣服时，胳膊又几次都伸不到袖子里，动作慢慢吞吞，扣子半天也扣不上。我们看在眼里，急在心里。在一声声的督促、训斥中，我们的嗓子冒烟儿，声嘶力竭，孩子也泪眼蒙眬。"

那些做事拖拉的孩子是否会变得越来越像下面这段文字中所描述的"大男孩"呢？

"当我成为一个大男孩时，这就像一个小男孩在说，当我成为一个大男孩时，我会做这做那，我会很快乐；而当他成为一个大男孩后，他又说，等我读完大学后，我会做这做那，我会很快乐；当他读完大学时，他又说，等我找到第一份工作时要做这做那，并会得到快乐；当他找到第一份工作后，他又说，当我结婚时我会做这做那，然后就会得到快乐；当他结婚时，他又说，当孩子们从学校毕业时，我会做这做那，并得到快乐；当孩子们从学校毕业时，他又说，当我退休时，我会做这做那，并得到快乐。当他退休时，他看到了什么？他看到生活已经从他的眼前走过去了。"

时间不等人，过去的时间再也不会回来，拖拉中生活已消失得无影无踪了。您的孩子是一个拖拉的孩子吗？

1. 为什么不能拖拉

拖拉坏处多

拖拉对孩子具有什么样的影响呢？让孩子改掉做事拖拉的坏习惯，就要先让他认识到拖拉行为的消极影响。孩子不愿听大道理，但愿意听故事，父母不妨跟孩子一起分享这样两个故事。

第一个故事是美国著名华裔电脑名人王安博士小时候的亲身经历：

一天，他外出玩耍，经过一棵大树时，突然有一个鸟巢掉在他的头上，从里面滚出一只嗷嗷待哺的小麻雀。他决定把它带回去喂养，便连同鸟巢一起带回家。

走到家门口，他忽然想起了妈妈不允许他在家里饲养小动物。于是，他轻轻地把小麻雀放在门口，急忙进屋去请求妈妈，在他的哀求下，妈妈破例地答应了儿子。

王安兴奋地跑到门口，不料，小麻雀不见了，一只黑猫在意犹未尽地擦拭着嘴巴。

第二个故事是美国独立战争时期的一个真实故事：

曲仑登的司令雷尔叫人送信给恺撒，报告华盛顿已经率领军队渡过特拉华河。但当信使把信送给恺撒时，他正在和朋友们玩牌，于是他就把那封信放在自己的衣袋里，等牌玩完后再去阅读。读完信后，他情知大事不妙。然而，等他去召集军队的时候，已经太晚了。最后全军被俘，连自己的性命也丧失在敌人的手中。

故事讲完了，请父母跟孩子一起讨论一下这两个故事的共同之处是什么？

以这两个故事为基础，再结合本章第一节的内容，父母可以跟孩子一起总结拖拉有哪些坏处。下面就是我们总结的一些拖拉的坏处：

● **拖拉是一种坏习惯。**

偶尔拖拉一下没有什么大不了的，但经常性的拖拉往往会导致恶性循环。孩子拖延得越多，他就越想逃避。这种恶性循环会一直持续，如果没有得到及时的纠正，久而久之就会形成一种不良的习惯，不仅会影响到孩子的生活和学习，而且可能还会形成孩子拖拉的性格，影响到孩子将来的工作和生活。拖拉最终使孩子的生活变得一团糟，什么事情都不能按时完成，什么借口都显得苍白无力，天天生活在恐慌之中，直到最后崩溃。所以，有人认为拖拉是一种没完没了地与昨天打交道的艺术。

● 拖拉会消磨人的热情和斗志。

拖拉会无声无息地消耗掉人的创造力。哈里克说："世界上有93%的人都因拖拉的陋习而一事无成，这是因为拖拉能杀伤人的积极性。"

● 拖拉会给人带来痛苦和压力。

每一次拖拉都只会增加自己的痛苦。即使早做一件事情跟晚做结果并没有太大的差别，它们所带来的影响还是不一样的。晚做通常会给孩子带来巨大的精神压力。他会不停地去想这件事情，心理上的压力总是挥之不去。每次想到这件事时，他的压力会越来越大。

● 拖拉会使事情更难办。

拖延时间，不但不能省力，而且会有相反的结果，因为事情并不会因为拖延而自动消失。拖拉只会增加任务的难度，拖到明天，事情更难办，工作量更大。

● 拖拉会使做事质量下降。

拖拉会使人在很多方面感到落后，总是无法赶上截止日期。有时虽然能在最后关头将事情做完，却没有时间检查做过的事情，这就很难保证做事的质量。

● 拖拉会打击孩子的自尊心和自信心。

拖拉使孩子不能及时完成任务，久而久之，他们会把自己当成失败者，他们也经常受到老师和父母的惩罚、同学的嘲笑和奚落，这些都会使孩子意志消沉，丧失自尊心和自信心，觉得自己无法摆脱失败的命运。

孩子了解了拖拉的坏处以后，就更有可能养成做事不拖拉的习惯。

2. 孩子做事拖拉吗

在进行训练之前，父母最好先了解一下孩子是否有拖拉的习惯，孩子的拖拉问题有多么严重。父母先完成这样一个小问卷：

1. 总在倒计时开始时，才着手干重要事情。

   是 □　　　　否 □

2. 习惯绕过重要的事情而去做一些无关紧要的事情。

   是 □　　　　否 □

3. 总是认为多等一些时间再做，事情就会更容易一些。

   是 □　　　　否 □

4. 要等情绪好了或灵感来了才开始。

   是 □　　　　否 □

5. 优柔寡断怕做错决定，缺乏自信心。

   是 □　　　　否 □

6. 新想法很多，但却从不付诸实践。

   是 □　　　　否 □

7. 常对自己许下新的承诺却没做到。

   是 □　　　　否 □

8. 经常因事情麻烦而不愿意做。

   是 □　　　　否 □

9. 最重要的事情经常等到最后才做。

   是 □　　　　否 □

10. 经常借口条件不具备而不愿做某些事情。

    是 □　　　　否 □

如果您的孩子在大多数问题上的回答都是"是"，那么他的拖拉已经相当严重了，请父母尽快为孩子提供帮助，改掉拖拉的坏习惯。

3. 如何做事不拖拉

防拖拉两步法

林恩·莱夫利在《不再拖拉：教你立即采取行动的7个步骤》中提供了一些方法：正视最糟糕的情况，如果你因为担心可能出现的问题而拖拉，那么你得做两件事。第一步，想象出现过的最糟糕、最可怕的情况；第二步，设想出此事可能发生的最糟的情况以及你的处理方法。这种方法我们不妨称之为"防拖拉两步法"。

当孩子为逃避某种可能的不良结果而拖拉时，比如因为怕写不好作文，所以一直拖着不写；因为担心向朋友道歉有失面子，所以一直不去道歉；因为担心考不上美术学院，所以不愿意学画画；因为担心复习了也考不好，所以一直拖着不着手复习等，父母可以指导孩子试试这种"防拖拉两步法"。

第一步：

要正视可能发生的最糟的情况，拿出纸和笔，把它写下来。

如果我（孩子）做了（某件事）＿＿＿＿＿＿＿＿＿＿＿，

可能发生在我（孩子）身上的最糟糕的情况是：＿＿＿＿＿＿＿

＿＿＿＿＿＿＿＿＿＿＿＿＿＿＿＿＿。

这对他人（比如爸爸、妈妈）有什么影响：＿＿＿＿＿＿＿＿

＿＿＿＿＿＿＿＿＿＿＿＿＿＿＿＿＿。

第一步的目的是使孩子有机会正视自己的恐惧，认识到各种借口的不合理性，使孩子内心重新鼓起行动的勇气。

第二步：

我（孩子）能否接受这个（对孩子而言）最糟糕的结果？

如果孩子的回答是肯定的，那么他就有可能着手去做，因为经过上面两步的思考，孩子已经认识到做某件事情的必要性。

如果孩子的回答是否定的，那么父母可以重新考虑一下这项任务是否适合孩子；如果不适合，那么请把这项任务从孩子的日程表中永久地删除掉。

分解任务

拖拉的另一个原因是孩子不愿去做那些令人讨厌的、棘手的事情。父母可以通过一些技巧，将乏味的、棘手的工作转化为简单的、有趣的工作，改变孩子的消极态度。

在一家钟表店里，有三只钟摆在一起。其中两只是旧钟，一只是新组装好的小钟。

两只旧钟"嘀嗒、嘀嗒"一分一秒地走着，看到新来的伙伴，其中一只旧钟对小钟说："来吧，你也该工作了。可是我看你这样小的身板儿，真有点担心。恐怕当你走完3200万次后，便吃不消了。"

小钟一下子吓呆了："天啊，3200万次，那什么时候才能走完啊？"

这时，另一只旧钟发话了："别听他那么说。不用害怕，你只要每秒钟'嘀嗒'摆一下就行了。"

小钟将信将疑："天下有这样简单的事？如果这样，我就试试吧。"

小钟很轻松地每秒钟"嘀嗒"摆一下，不知不觉中，一年过去了，它发现自己毫不费力就已经摆了3200万次。

对于父母来说，一个简单而行之有效的方法就是把一个复杂的任务分解成为一连串小的、具体的步骤，然后按部就班地去做，直到完成为止。

怎么样分解任务呢？比如说孩子要看一本200页的书，乍一看任务量很大，孩子也很容易望而生畏。父母如果引导孩子分解这本书，每天看10页，每周看完50页，大概一个月的时间就可以完成了。

马上行动

两个猎人前去打猎，路上遇到一只离群的大雁，于是两个猎人同时拉弓搭箭，准备射杀大雁。这时猎人甲突然说："喂，我们射下来后该怎么吃？是煮了吃，还是蒸了吃？"

猎人乙说："当然是煮了吃。"

猎人甲不同意煮，说还是蒸着吃好。两个人争来争去，一直也没达成一致的意见。来了一个打柴的村夫，听完他们的争论笑着说："这个很好办，一半拿来煮，一半拿来蒸，不就可以了？"

两个猎人停止争吵，再次拉弓搭箭，可是大雁早已飞走了。

这个故事告诉我们，如果不马上行动，拖拖拉拉，可能就永远丧失了行动的机会；而如果马上行动，则可能会带来意想不到的惊喜。有一位中学生对此深有感触：

我12岁那年，参加了学校的一次航模活动。我要亲手制作一架飞机参加比赛。那是我第一次参加这种活动，可以说没有任何经验。我计算了一下，至少得用12天的时间才能做那架参赛的飞机。我是一个说做就做的人，我看重行动。在刚刚开始的第一天，我遇到了很大困难，但我忍耐着，怀着希望咬牙坚持下去。没想到的是，我只用了6天就完成了那架参赛飞机，这使我万分惊喜。

马上行动，立即就开始做，不但可以省下记忆、记录等手续，同时还可以卸下心里的重担，不用总是把一件事情记挂在心上。

设置最后期限

在管理学上，有一个著名的帕金森法则："你有多少时间完成工作，工作就会自动变成你所需要的那么多时间。"人的心理很微妙，一旦知道时间很充足，注意力就会下降，效率也会跟着降低；一旦知道必须在什么时间里完成某事，就会自觉努力，使得效率大大提高。人的潜力是很大的，限制时间通常不会影响身心健康，却可大大提高办事效率，何乐而不为呢？

73

对于孩子的事务，父母应根据孩子的实际情况，跟孩子一起确定完成某项事务的最后期限。比如说孩子要记200个单词，那么就要确立一个最后的期限，让孩子知道每天他应该完成多少任务量。

4. 孩子，做得怎么样了

孩子拖拉的习惯改得怎么样，父母要及时进行评估，并根据孩子的行为改变状况调整自己的策略。经过一段时间（比如两个星期或一个月），父母可以进行阶段性的评估。

评估的问题很简单：

1. 孩子拖拉的习惯改变了吗？改变了多少？

2. 训练的方法是否有效？

对于第一个问题，父母可以参照"评价现状、明确标准"一节中的小问卷来进行评估。如果父母发现孩子拖拉的行为有所减少，那么请父母及时给孩子奖励。

如果父母在评估时发现孩子之所以拖拉，是因为事情太多或者事情难度太大，超出了孩子的能力范围，父母就应该想办法减少孩子的任务量或者降低任务难度。

父母要记住，每个孩子都是独一无二的，不存在一种对任何孩子都起作用的方法。经过一段时间的尝试，如果一种方法没有效果，那么请换另一种。

评估要与父母的反馈紧密结合在一起。父母要善于发现孩子的进步，不管进步大小，只要有进步，父母就要给予奖励。奖励的方法多种多样，前面几章所提到的一些奖励方法同样适用于做事不拖拉的习惯培养，父母可以从中选择使用。

如果孩子一点也没有进步，那么父母就可认真考虑如何实施惩罚。父母可以考虑通过取消孩子的某些"特权"对孩子实施惩罚，如减少孩子打游戏或看电视的时间等。

5. 好环境，好习惯

父母要以身作则

父母是孩子习惯培养天然的榜样，如果父母本身整天拖拖拉拉，教育孩子不拖拉就没有说服力。要想改掉孩子拖拉的习惯，父母必须首先以身作则，做事情不要拖拉。

比如，有一对父母为了改变孩子做事拖拉的习惯，就跟孩子一起改进，每周评比一次，看谁进步大，对进步最大的进行奖励。这样的做法使孩子认识到，既然爸爸妈妈可以改掉拖拉的习惯，他也能，因此极大地提高了孩子的积极性。

确定孩子做事的规则

为了防止孩子拖拉，父母有必要与孩子一起制定一些做事的规则。下面就是一些有利于防止孩子拖拉的规则。

- 先做完作业再看电视。
- 先收拾好自己的书包，再上床睡觉。
- 周末先打扫好自己的房间，才能出去找朋友玩耍。

孩子在学校里的学习是有严格时间规定的，在家里也应该有固定的学习时间。可以要求孩子在放学后先写作业后玩，或者在晚饭后稍稍休息一下，立即做功课。在帮助孩子制订日程表时，其中每天的学习要相对固定，让孩子每天按时开始、按时结束学习，并坚持形成习惯。这样做的目的是帮助孩子形成一种时间定向，一到什么时候就自然而然地产生了学习的愿望和情绪。

在制定孩子做事的家庭规则时，父母一定要把握好一个原则：先做必须做的事情，再做可做可不做的事情。时间一长，孩子就自然而然地确定了做事的顺序，拖拉的可能性自然就不存在了。

知己知彼：容易被孩子拖延的事情

在孩子的生活中，哪些事情容易被拖延呢？如果对此有清醒的认识，也有助于我们防止拖延行为的发生。通常，这样一些事情会被拖延：

● 一是没有兴趣做的事情。比如，有些孩子不愿做作业，是因为对做作业没有兴趣，才一拖再拖，直到最后一刻，无计可施时，才咬着牙匆忙把作业写完。

● 二是不愉快的事情。做某件事情时感到不愉快，如有些孩子牙痛久拖不去看牙医，是因为他对拔牙这件事情有畏惧感。再比如孩子每天起床时总是拖延，因为从床上起来让他感到不愉快。

● 三是困难的、可能招致失败的事情。孩子对那些可能失败的事情心存恐惧，比如，一个孩子意识到自己由于不努力学习，可能无法通过某一门功课的考试，他会受到父母和老师的批评和训斥。面对这种情况，孩子会怎么做？他会想法拖延，不去学习，因为对大多数人来说，"不做"比"不能"更容易让自己坦然。如果你不努力学习，就不需要面对自己能力不够这个事实。

了解了孩子的情况以后，就方便父母对症下药了。

选择好时机

在改变孩子的拖拉习惯时，要选择恰当的时机，时机选择恰当，孩子就可能更乐于改变。

下面就是一些比较好的时机：

● 当因为无法按时完成某件事情而感到十分沮丧时。比如第二天就要开学了，孩子还有很多作业没有完成，即使不睡觉也难以完成。

● 当因为拖延而造成较为严重的后果时。比如因为拖延没有认真复习，导致某门功课不及格。

这个时候，孩子最需要父母的安慰和帮助。在这种情况下，父母的意见最有针对性，也最容易让孩子接受。

第六章

物品放置有条理

生活无序多烦恼

一项来自德国的调查表明：90%的德国人要经常寻找不知被自己放到哪里的东西。其中，有42%的德国人总是在为寻找钥匙而感到精神紧张；排第二位的是寻找圆珠笔，占25%；第三位是找眼镜，占19%；第四位是找钱包，占16%。

成人世界尚且如此，孩子们的情况如何呢？

某市新星小学开学伊始便组织了一次特殊的展览。展品都是该校学生们丢弃的铅笔、橡皮、小刀等文具，堆得像小山一样。据该学校大队辅导员介绍，放暑假前，学校老师在一、二年级的教室里转了转，把讲台抽屉、盒子里平时学生们拾到交给老师，但一直无人认领的铅笔等文具收集了一下。哪知收集结果让老师们十分吃惊：两个年级12个班，竟收集了七八袋子，光铅笔就有上千支，橡皮、小刀、直尺、胶棒、圆珠笔、修正液……应有尽有，而这些文具几乎都能用。

这样的结果也反映了孩子们的生活状态。父母们经常发出下面这些抱怨：

- 整天丢三落四，找不到自己需要的东西。
- 玩具的部件到处乱丢，刚买的玩具玩不了多久就解体了。
- 不愿打扫自己的房间，房间脏得不成样子。
- 房间一团糟，连站的地方都找不着了。
- 早晨起来居然要花好几分钟时间找袜子。
- 找一件东西差不多需要半天的时间。
- 经常把上课用的文具落在家里，害得父母不得不往学校送。

……

还等什么呢？赶快邀请孩子一起来改变混乱的生活状态，养成物品有序摆放的好习惯，让生活变得井然有序。

1. 为什么要有条理

要了解物品放置有条理的重要性，可以从了解物品放置无序所带来的消极影响开始。下面是我们总结的一些：

- 浪费时间。美国《读者文摘》指出，成人平均每年花掉16小时找钥匙。只因为钥匙没放好，就得花掉这么多宝贵时间，值得吗？
- 降低做事的效率。找不到需要的物品会打断你的思维，中断你的思路，使你花更多的时间和精力从头再来。想一想，当你突然对某篇要写的作文有了灵感时，如果要花上半小时找一支钢笔，再花上半小时找到你的作文本，灵感还能追得上吗？
- 破坏情绪。找不到东西时会感到心烦意乱，容易迁怒于别人。

● 心里不舒服。无秩序感给自己造成的精神负担比许多人想象的要严重得多。走进一个杂乱的房间会使人感到压抑，使人感到混乱、紧张和烦躁，让人血压升高。

了解完消极影响以后，我们还可以了解一下物品放置有条理所带来的好处：

- 节省很多时间。
- 做事更高效。
- 有利于身心健康。
- 激发创造力与灵感。

这是我们的总结，父母最好再引导孩子去想一想物品放置是否有条理对他的生活学习有什么影响：

（1）如果我的物品摆放得有条理，我会得到什么回报？

（2）如果我的物品摆放没有条理，我的生活会怎么样？

父母可以跟孩子一起讨论这两个问题。讨论时，父母最好把答案记录下来，并整理成一张卡片，一面是第一个问题的答案，另一面是第二个问题的答案，然后把这张卡片放置到孩子的书桌上。当孩子对整理工作感到厌烦，想放弃时，让孩子看看这些卡片，有助于重新点燃孩子的兴趣，至少可以让孩子继续进行下去。

2. 孩子有条理吗

一个小问卷

在开展正式的培养活动之前，父母先跟孩子一起了解一下孩子在生活有条理方面做得怎么样。如果孩子的生活缺乏条理，那么对现状的了解就有可能成为孩子行动的动机。如果孩子生活得相当有条理了，那么这将增强孩子的信心，使他更上一层楼。请您和孩子一起完成下面这个小问卷。

1. 我经常不能找到需要的东西。

   是 □　　　　否 □

2. 我经常忘记东西放在哪里。

   是 □　　　　否 □

3. 我经常丢东西。

   是 □　　　　否 □

4. 我的房间里乱七八糟。

   是 □　　　　否 □

5. 我的房间里堆满了东西。

   是 □　　　　否 □

6. 我自己的物品摆放得太乱了。

   是 □　　　　否 □

7. 我经常因为找不到东西而心烦意乱。

   是 □　　　　否 □

8. 我不愿意整理自己的东西。

   是 □　　　　否 □

9. 我没有定期整理房间的习惯。

   是 □　　　　否 □

10. 我经常忘记带某件需要的东西。

    是 □　　　　否 □

如果孩子在大多数问题上回答为"是"，那么说明孩子的生活缺乏条理，他需要养成生活有条理的习惯。如果孩子在大多数问题上回答为"否"，那么恭喜父母，您的孩子已经生活得比较有条理，希望本章的内容可以帮助孩子进一步提高。

测试：孩子能迅速找到东西吗

请父母拿出纸和笔，准备一只计时用的钟表，跟孩子一起做一个小游戏，看看孩子用多少时间可以找到要求的物品。

父母可以指定一些属于孩子的物品，让孩子去寻找，从孩子寻找时开始计时，孩子找到时终止计时，看孩子寻找每一件物品需要花多少时间。父母在确定这些物品时，最好是有一些物品孩子可以顺利找到，另外一些物品孩子找起来比较困难，花时间较多或者可能找不到。

比如，让孩子找这样几件东西——圆珠笔、美术课彩笔、《哈利·波特》、玻璃弹子球、玩具小熊、积木、运动袜、足球鞋、泳帽、爸爸去年送的生日礼物。

您可以借助下面的表格样式进行计时。

待寻找物品	是否找到	花费时间
圆珠笔	是	15秒
美术课彩笔	是	1分钟
《哈利·波特》	是	2分钟
玻璃弹子球	否	15分钟
玩具小熊	是	2分钟15秒
积木	是	1分钟20秒
运动袜	否	9分钟
足球鞋	是	20秒
泳帽	是	5分钟
爸爸去年送的生日礼物	否	20分钟

有些物品孩子能够顺利找到，有些物品可能花的时间比较多，而有些物品花了很多时间也没有找到。父母可以让孩子思考这样5个问题：

（1）为什么顺利找到了圆珠笔？

（2）为什么找泳帽用了那么多时间？

（3）为什么花了那么长的时间（20分钟）还是找不到爸爸去年送的生日礼物？

（4）当不能顺利找到自己需要的物品时，你（孩子）感觉怎么样？

（5）怎么样能顺利找到自己的物品？

父母可以跟孩子讨论一下这些问题，比较一下在各种情况下寻找物品所用的时间，让孩子认识到不能顺利找到所需物品既浪费时间，也使他感到烦躁，情绪不佳。进而引导孩子思考是否有必要改变自己的生活状态，规范对自己物品的管理。

3. 物品有条理，生活有秩序

从整理自己的房间开始

现代家庭中，很多孩子都有自己的卧室。对孩子而言，卧室往往是多功能的，既是睡觉的地方，同时又是学习、娱乐的地方。有人认为卧室是个人的延伸，在这个空间里，个人可以自由地施展自我。

但是，很多孩子的卧室却是惨不忍睹的。如果父母不代劳，许多孩子的卧室，尤其是一些男孩的卧室往往是孩子生活中最没有条理的地方。一走进这样一间凌乱不堪的房间，就会让人感到心里不舒服，而且找起东西来既费时又费力。怎样才能让孩子的房间变得有条理，让人爽心悦目，找起东西来得心应手呢？在《别为我操心》一书中，作者提出了一些很好的做法，借鉴这些做法，我们可以把整理卧室分为以下四个步骤。

第一步：给卧室分区

孩子的卧室是多功能的，但卧室的空间是有限的，要让有限的空间发挥最佳的功能，首先就要对卧室进行区域规划，按照不同的功能把卧室分成几个相对独立的功能区。孩子的卧室按其功能一般可以分为这样几个功能区：睡眠/休息区、学习区、娱乐区、着装区。功能的分区要根据孩子的实际情况进行调整，比如有些孩子喜欢音乐，那么可以设立一个音乐区，专门摆放那些与音乐有关的东西。

如果孩子没有单独的卧室，比如跟爸爸妈妈或其他人共用一个卧室，那么也请父母尽量给孩子创造一个相对独立的空间，比如指定一些空间（如某个书桌、某几个抽屉）归孩子专用。这样做既满足了孩子的支配欲望，又有利于提高孩子自我管理的责任心和积极性。

父母可以跟孩子一起商量一下卧室的布局，使这几个功能区相对独立，也让孩子头脑中有这样一个意识，即这个区域是干什么用的。一旦这种意识树立起来，孩子需要用与这个区域有关的物品时，他会不假思索地到这个区域来寻找。如果卧室的分区过于复杂，那么父母可以指导孩子使用标签，标明各个功能区的名称。

第二步：按照功能区给卧室的物品分类

功能区分好了，第二个步骤就是根据功能分区，把各种物品按其功能分配到各功能区。比如，有孩子根据自己的功能分区把物品进行了分类，每一类可以用英文字母或者英文字母加数字表示。当然，孩子也可以根据自己的喜好对各功能区及物品进行分类表示。

在卧室里清理出一片较大的空间，准备好几个大的容器或者划分出几个独立的区域，用来存放不同功能区的物品。

迅速地把物品进行归类，把物品按功能的不同归入不同的功能区。

如果每一功能区包括的物品太多，还可以考虑把该功能区的物品进一步分类，分成不同的子类，如学习区的物品就可以进一步具体分为课本、文具、课外读物等。一般而言，对物品分类的层级不要太多，物品不多的话，两级即可。分类层级太多、太复杂，表面上看起来更有条理，但实际上孩子难以记住太多的分区，往往会出力不讨好，事倍功半。

在对物品进行分类整理时，注意把那些多余的、重复的、坏的、没用的东西自成一区，单独放置。

功能分区	物　品	容　器
A学习区	A1课本：数学、语文、科学、英语……	文件夹、铁书立、书架
	A2文具：铅笔、铅笔刀、橡皮、圆珠笔……	笔筒、抽屉、文具盒
	A3课外读物：《唐诗三百首》、《皮皮鲁与鲁西西》……	书架、铁书立
	……	
B娱乐区	B1游戏机：遥控器、游戏软件……	书桌、纸箱、塑料箱
	B2玩具：飞碟、乒乓球……	
	……	
C着装区	C1春装	衣橱、木箱
	C2夏装	
	C3秋装	
	C4冬装	
	……	
D睡眠/休息区	D1：寝具：被子、枕头……	床、床头柜
	D2：闹钟、台灯……	
	……	
E待处理区	E用完的练习本、坏掉的圆珠笔、太短的裤子、过时的贺卡……	垃圾桶、塑料袋

第三步：清除物品

分类整理完毕以后，孩子就会对物品的种类和数量有了大概的了解。下面要做的是把那些多余的、重复的、坏的、没用的物品处理掉。

把物品处理掉有好多种方式，一般可以遵循这样的顺序：赠送他人（废物利用）、当废旧物品卖掉、当垃圾处理掉。

孩子在处理物品时，也许会感到为难，他会感觉舍不得，他觉得每一件东西都是自己财产的一部分。这时候，父母应该尊重孩子的这种情感，父母应让孩子认识到：空间是有限的，为了容纳新的物品，必须处理掉某些东西。对于那些重要的纪念品，从中挑出一件特别珍贵的和有纪念意义的，然后把多余的处理掉。如果孩子确实想保留这样一些东西，那么可以给孩子准备一个纸箱或其他类似的容器，让孩子把所有这些待处理的物品放在一起，放在储藏室等地方，为孩子腾出宝贵的空间。将来的某一天，当孩子真正意识到这些东西没有用处、只会占用空间时，他会毫不犹豫地扔掉。

第四步：把物品装入容器，把容器归位

清除完不需要的物品之后，下面要做的就是考虑用什么样的容器放置留下来的物品。先将孩子需要的所有容器列一个清单，并给这些容器编号，贴上标签。拿出纸和笔，把每个容器里面要装的东西写在容器名称下面。

现在，物品已经放到对应的容器里，最后一个要进行的步骤就是把物品归位，按照卧室的布局，把物品放置到规划好的位置上去，比如把抽屉放回壁橱，把塑料箱放到木架上。这样，就大功告成了。

在最后一个步骤，应注意以下几点：

● **不同的物品尽量分开**。如果一个容器中要容纳许多物品时，最好把容器分隔成一些小的区域，比如有一个抽屉要放孩子的袜子和内裤，那么就要在这个抽屉中间放置一块隔板，把抽屉分隔成两个区域，一个放置袜子，另外一个放置内裤。这样做可以防止不同的物品混杂在一起，要找东西时也最为方便和省时。

● **把相同或类似的物品摆放在一起**。在书架上放书时，可以把相同科目的图书放到一起，比如把与数学有关的图书放在一起，把与语文有关的图书放到一起。这样，物品的摆放有一定的内在顺序，找起来就会得心应手。

● **把最常用的东西放到最容易取用的位置**。孩子的物品数量虽然很多，但真正经常使用的东西并不多，在放置物品时，尽量把常用的物品放到方便取用的地方，比如，孩子学习时经常用到的物品有笔、橡皮、练习本等，那么一定要把这些东西放到孩子触手可及的地方，这样孩子很容易可以找到需要的东西，既不需要打断孩子的学习进程，又节省了许多时间。

● **注意安全**。把那些易碎或者过于笨重的物品放在靠近地面的地方。把书架固定在墙上，以防止倾倒。把怕热的东西放在远离发热的地方。要把电视机、电脑等发热的电器放在通风良好的地方。电器以及各种带磁的卡片（如信用卡）要远离磁体。

通过以上四个步骤，一次整理卧室的工作就宣告结束了。但卧室的整理绝对不是一次性的事情，而是一个日常性的工作。不管开始时卧室整理得多么有条理，离开了日常的维护和调整，用不了几天，一切就会变得毫无秩序。一定要让孩子记住，卧室整理起来不容易，但破坏起来却容易。为了维护卧室的条理，孩子要学会进行经常性的调整。

及时调整

每日调整——用完东西及时放回原处

每日调整很简单，就是每次用完东西一定要及时放回到原先的位置。每天晚上睡觉前，一定要检查一下，物品是否归位。父母可以多督促，多鼓励，一旦发现孩子物品没有归位，要及时提醒。对于新增添的物品，也要及时分类，放入相应的位置；对于需要淘汰的物品，要及时淘汰。

周期性调整

可以以一个星期或一个月为周期，检查一下孩子的物品摆放情况，跟孩子一起总结一下，看看哪些地方做得比较好，哪些地方还需要进一步提高。

在季节转换之时，可以进行大规模的调整，把过季的、穿不着的衣服放置起来，把应季的衣服放在便于取用的地方。

随着年龄的增长，孩子的兴趣也在不停地转换，可以根据需要来改变孩子的卧室布局、物品摆放的次序，让生活条理与孩子的生理心理发展相吻合。

整理其他一些物品或空间，其秩序跟整理卧室的步骤一样。如果孩子把自己的卧室整理得井井有条，父母可以进一步引导他整理其他物品和空间。

4. 及时评估：孩子能迅速找到需要的东西吗

为了让孩子更好坚持物品摆放有条理的习惯，就要及时对孩子的表现进行评估，通过评估，让孩子真切感受到习惯所带来的收益。

比如，一段时间以后，父母可以再次跟孩子一起做找物品的小游戏。请父母拿出纸和笔，准备一只计时用的钟表，父母指定一些孩子卧室里的物品，看看孩子用多少时间可以找到要求的物品。

待寻找物品	是否找到	上次花费时间	此次花费时间
圆珠笔			
美术课彩笔			
《哈利·波特》			
玻璃弹子球			
玩具小熊			
积木			
运动袜			
足球鞋			
泳帽			
爸爸去年送的生日礼物			

如果找到指定的物品更顺利，与上一次相比，所花的时间更少了，这说明孩子在生活条理方面进步了。评估本身就会激发孩子的成就感，提高孩子的自信心。父母可以据此给孩子一定的奖励，以进一步增强孩子的积极性。

如果孩子习惯坚持得不够好，物品摆放得仍然没有条理，要找的东西找不到，找东西仍然耗时费力，父母也不要过于着急。父母要等到一个合适的机会，比如，当孩子出门上学时，却发现自己的作业本找不到了，这时父母千万不要代劳，让孩子体验一下找不到东西的心情，让他尝尝物品摆放无序所带来的后果。事后再进行教育，必将事半功倍。

5. 尊重孩子的整理方式

别给孩子贴上"没条理"的标签

在前面我们提到，有些孩子会因为父母经常指责自己"没条理"、"邋遢"，而在这方面变得毫无信心。日常生活中父母的很多指责性的语言往往是无效的，指责无法带来孩子的改变；相反，帮助孩子认识到他自身做得好的方面，让他对自己充满信心，才有助于他将某一个方面的优点扩展到其他方面，形成更多的优点，建立起自己的整理体系和生活方式。

尊重孩子的整理方式

生活有条理并没有一个统一的标准，而是针对个人需要而言。比如，有些人的桌面在别人看起来很乱，而在他自己眼里却是很有条理的，每一件物品放在哪里他都心中有数，用到的时候能马上找到，那么这样的摆放对他自己来说就是有效的，是有内在条理的。

在培养孩子生活有条理方面，要尊重孩子的意见和他独特的方式，比如如何对自己的卧室空间进行分区，孩子最有发言权，孩子有自己的生活习惯，孩子有自己的想法，孩子觉得怎么样最方便，就怎么样摆放。即使孩子开始时做得不对，也不要强迫他改变，以后孩子自己觉得不方便的时候，他自然会想办法调整。父母一定要记住，鞋子舒服不舒服，穿鞋子的人最有发言权。

生活的条理是孩子自己建立的。父母可以指导，但绝不能替孩子去做。父母要放手让孩子去做，给孩子犯错误的机会。孩子通过亲身实践得出的方法才是最适合他的方法。没有呛过水，就学不会游泳。

第七章

消费管理

金钱教育缺失酿悲剧

我们先看两起近年来发生的悲剧性事件：

2011年，安徽省17岁高中男生王某为了给自己买iPad，瞒着父母，把自己的一个肾以2.2万元的价格卖给"黑中介"，拿到钱后的王某立刻去购买了一台"苹果"手机和一台iPad2。卖肾后的王某身体状况越来越差，经检查被判定为肾功能不全，其伤情被鉴定为重伤、三级伤残。

2011年11月，上海市检方披露了一起20多名女中学生集体"援交"的案件，在这起案件中，这些女中学生大都未满18岁，最小的不到14岁。20多名稚气未脱的女中学生，因为零花钱不够，又不愿意通过打工赚钱，便走进连锁酒店，成为卖淫女……据检方披露，其中一些女孩家庭经济条件都不错，出卖青春只是因为爱慕虚荣，喜欢购物、享乐。

这两起案件都让人们唏嘘不已，痛心不已！

超前消费，"苹果"成"苦果"

2012年3月份，一则有关武汉市大学生的报道引起了人们的关注。据媒体报道[①]，武汉2万多名大学生从一些小额贷款公司借钱买"苹果"等电子产品……

据调查，这些学生贷款的年利率高达30%~40%。面对这种显而易见的高利息贷款，为什么却有大批大学生趋之若鹜？一位大学生这样回答记者的提问："班级里许多人使用苹果牌手机，怕别人觉得寒酸，我也想买一部。反正如果还不上借款还可以找家里要钱。"还有一些大学生表示，在销售专员的凌厉攻势下，他们出现头脑发热的冲动行为，如中国地质大学江城学院的王勇（化名）最近向家人求助，才把3 600元的名牌手机贷款还清，而这款手机原价才2 300元。王勇说："销售专员当时给我办的是'零首付'，分12个月还款，每月还299元。没想到，开学后的3月份多花了点就还不上了。"为此，王勇还曾去肯德基打工。工资还没发，销售专员的催款电话便接踵而至，"他不停地给我打电话，说会给我的信用记录留下污点，甚至影响以后买房还贷等。我很害怕，只好向家人求救。"

据一家小额放贷公司统计，从一年多的运营情况来看，武汉逾期未还的"贷款学生"近100名，有的电话已经打不通了，向户籍所在地发催款函也没有回应。公司将这些人的不良记录上报到有关金融部门，这些大学

---

① 罗鑫、廖君. 武汉2万多名大学生贷款买苹果等电子产品事件追踪，新华网，2013年03月25日，
　　http://news.xinhuanet.com/edu/2013-03/25/c_115144057.htm

生会背上信用污点。

缺乏独立收入的大学生，年龄上已属成人，但其消费观念却严重缺乏理性，不知量入为出，超前消费弄不好就酿成苦果。

父母可以跟孩子一起去了解以上三个案例，讨论一下这些孩子为什么那么做，那么做的可能后果是什么。

1. 消费教育好处多

从理财能力的角度看，处于少儿时期的孩子呈现出如下几个突出的特征：一是不具备固定的收入；二是不具备成熟的金钱和经济方面的意识；三是不具备熟练的理财能力；四是具有少年儿童所特有的强烈的消费要求和欲望。这几个方面的特征导致孩子在消费理财方面极易出现种种错误，这些错误直接关系到他们自身的成长，关系到他们的发展和前途。因此，父母需要从小就对孩子进行理财训练，帮助孩子养成理财习惯，这还有更多的好处。

像学习其他东西一样，孩子学习理财也需要不断尝试和失败，才能走上成功之路。愈早开始进行理财训练，便愈能得到更多的锻炼机会。国内外儿童教育专家均认为：孩子越早学会理财，长大后就越会赚钱。

从小进行理财训练，可以教给孩子正确的理财观念，帮助孩子减少无谓的花费，避免陷入债务危机，甚至可以避免孩子走上违法犯罪的道路。再者，孩子一旦了解了更多理财及投资方面的知识后，便会明白世上没有免费的午餐，长大后就不会那么容易受骗，去相信那些少投资、多回报的骗局，减少被骗的机会。

从小进行理财训练，将会使一个人终身受益。在市场经济和商品社会中，一个人的理财能力直接关系到他一生的事业成功和家庭幸福。进行理财训练，将有助于孩子形成独立的生活能力，树立正确的道德和劳动观念，让孩子知道勤奋努力与金钱之间的关系，激发孩子工作的欲望和社会责任感。

从小进行理财训练，将提高孩子对社会的适应能力和竞争能力。在

21世纪这个竞争日趋激烈的世纪，金钱观念和理财能力是不可忽视的基本素质。

2. 孩子会理财吗

孩子对金钱的态度千差万别，零花钱多少也各不相同，消费习惯更是多种多样，因此在实施培养活动之前，有必要了解孩子零花钱的现状，以及他们的理财观念和行为。父母可以先让孩子完成下面这个小问卷，了解孩子在零花钱及理财方面的现状，以便更有针对性地培养孩子的理财习惯。

1. 我有多少零花钱，就花多少。

   是 □   否 □

2. 我从来都没有存过钱。

   是 □   否 □

3. 我不知道自己到底有多少钱。

   是 □   否 □

4. 我什么时候需要钱了，就向爸妈要。

   是 □   否 □

5. 我很少看物品的价格，只要喜欢，就去购买。

   是 □   否 □

6. 我从来都不记账，也不知道零花钱都花哪儿去了。

   是□   否 □

7. 别的孩子有的东西，我也应该有。

   是 □   否 □

8. 爸妈爱我，就要给我买我想要的东西。

   是 □   否 □

对于这8个问题，如果孩子的回答大多是"是"，那么说明孩子缺乏理财的观念，缺乏对零花钱的管理，父母需要从孩子的零花钱着手，培养他的理财习惯。如果孩子的回答大多是"否"，那么恭喜您，孩子在零花钱管理方面已经有了一个良好的开端，下面的活动将有助于他更好地巩固他的理财习惯。

3. 指导孩子消费管理

消费管理，从认识金钱开始

培养孩子的消费管理习惯，首先就是要让孩子知道什么是金钱，金钱是从哪里来的，金钱的实际价值是什么。

为什么要教孩子认识金钱的来源呢？让我们先来看一个有关的调查。

一位英国心理学家曾经对100名学前和小学儿童进行调查，询问他们钱是从哪里来的，结果得到三个答案：大部分孩子认为，钱是从爸爸的口袋里拿出来的，或是银行送给他们的，而只有20%的孩子说，钱是工作挣回来的。

为了让孩子尽早了解金钱的来源，父母可以给孩子讲一个类似这样的故事：

从前，人们并没有钱这种东西，人们需要的大多数东西都是自给自足的，但是有时候还需要跟其他人交换物品，且往往采用以物易物的方式来进行。

比如李家是种粮的，王家是杀猪的，春节到了，李家需要买一些猪肉过年，王家缺少粮食，于是李家是用多余的粮食和王家的猪肉相互交换，这就是原始的以物易物。

但是这样做有许多不方便之处，比如李家想买猪肉，但王家现在不缺粮食了，而是缺少棉布做衣服，这时就麻烦了。人们的需求越来越多，以物易物越来越麻烦，越来越不能满足人们的需要，这时一个聪明人发现，如果有一些东西，能同时跟所有的物品交换，大家不就省事了吗？正是在这样一种需求下，人类用自己的聪明才智找到了一样的东西，比如贝壳，人们都先用东西交换贝壳，再用贝壳来购买东西。

后来，因为贝壳容易破碎，不易保存，人们逐渐改用其他东西替代了贝壳。

看过了这个故事，父母可以跟孩子讨论下面几个问题，以引导孩子认识金钱的来源。

认识金钱的价值：10元钱能买什么

一些父母说，孩子根本没有金钱的意识，不知道1元钱和100元钱有什么区别，所以买东西很随性，看到什么好就买什么，不知道节约，更不知道货比三家。

为了帮助孩子认识到金钱的实际价值，父母可以跟孩子一起做一个简单的购物活动，到商场或超市逛一下，看10元钱可以买到什么东西，然后用笔记录下来。

比如，10元钱可以买到4个单价为2.5元的面包，可以买到10支单价为1元的铅笔，还可以买到什么呢？

在这个过程中，孩子会发现同样的10元钱可以买到不同数量的物品，从而更深刻地认识到金钱的交换价值。在花钱时，也会更准确地估计自己的零花钱可以购买多少物品，更为合理地使用自己的零花钱。

零花钱管理：消费管理的主要途径

培养孩子管理零花钱的习惯至少有两个目的：一是让孩子从小就懂得"量入为出"的意识，即财务预算，知道哪些钱该花，哪些钱不该花，最终树立科学消费的观念；二是让孩子从小就了解劳动与报酬之间的内在联系，培养他们的勤奋感和工作热情，为孩子将来的幸福生活做准备。

要给孩子一定的零花钱

对于该不该给孩子零花钱，相信父母们有不同的意见。有些父母觉得小孩子不会花钱，也容易乱花钱，不赞成给孩子零花钱；有些父母觉得别的孩子有零花钱，自己也应该给孩子零花钱。我们的意见是父母应该给孩子一定的零花钱。父母给孩子零花钱，一方面可以使孩子购买一些喜欢的东西；另一方面还有一个更重要的功能，就是作为培养理财习惯的工具。一些心理学研究认为，即使是年龄很小的孩子，也会为自己有零花钱而感到自豪。根据专家的研究，如果其他同学都有零花钱，但你的子女却没有的话，由于孩子间爱互相比较，没有零花钱的孩子可能会引发自卑感。

给孩子零花钱，应该把握住定时和定量两个原则。

定时原则是指父母定期发给孩子一份零花钱，比如说每周发一次，或者两周发一次。父母定时、有规律、周期性地供给孩子零花钱，这将有利于孩子有计划地安排自己的消费，有利于孩子建立比较稳定的心理预期。比如父母跟孩子约定每周日晚上发放下周的零花钱，这就很好地遵守了定时原则。

定量原则是指在某一段较长的时间内，给孩子的零花钱数量是固定的，比如当孩子三年级时，每周给孩子10元钱的零花钱，这就是定量。

那么，多少数额的零花钱适合孩子呢？一般认为，零花钱的数量应该能够满足孩子的基本需求，并另加20%做储蓄之用。

零花钱的数量应该随着孩子年龄的增长而不断增加，随着年龄的增长，可以考虑把孩子更多日常生活所用的钱交给他自己去处理。

零花钱的数量既不要太多，又不要太少，太多了会让孩子觉得金钱来得太容易，不懂得珍惜金钱；太少了不能够满足孩子的基本需求，也会让孩子因攀比而感到心理不平衡，不利于孩子养成量入为出的理财习惯。零花钱的数量应该跟同班大多数同学保持在同一水平上，父母可以相互打听一下，然后再确定零花钱的数量。

下面就是对一个四年级孩子每周零花钱的分析：

文具：每周5元（估算）

零食：每周5元（估算）

玩具：每周5元（估算）

交际费（如同学生日）：每周5元（估算）

漫画/图书：每周10元（估算）

实际花费合计：30元

20%的储蓄基金：30元×20%=6元

零花钱合计：36元

父母可以参照上面的做法，跟孩子一起分析他的实际需求，结合相关因素，最终确定孩子的零花钱数量。

让孩子自主支配零花钱

对零花钱的使用，一般采取自主的原则，零花钱给了孩子，孩子就有权决定怎么花。当然，这并不是说父母对孩子的零花钱失去监督控制权，父母可以通过控制零花钱的数量来宏观控制孩子零花钱的使用状况。比如，孩子零花钱使用得比较合理，那么可以考虑增加孩子零花钱的数量，以资鼓励；孩子零花钱使用得不好，父母就可以适当削减孩子的零花钱，以示惩罚。

让孩子自主地支配零花钱，就要指导孩子编制零花钱的预算。编制预算的目的是让孩子控制零花钱使用的方向，形成量入为出的观念，科学地把零花钱分配到各个方面，并有助于孩子抵御各种诱惑，防止孩子乱花钱。

下面就是一个预算表的样式：

时间：	预算
零花钱收入	36元
零花钱支出	
文具费	5元
交际费	5元
零食	5元

续表

时间：	预算
漫画/图书	5元
玩具	5元
储蓄	6元
其他	5元

父母在指导孩子编制零花钱预算时，应具有一定的灵活性，零花钱预算的目的是使孩子学会更好地理财，而不是束缚孩子。

记录零花钱的使用情况

为了更好地监督孩子零花钱的使用状况，父母要指导并要求孩子记录每天如何使用手中的零用钱，用来买些什么东西。记录零花钱的使用情况，可以帮助孩子有效地控制及运用自己的金钱，有助于孩子养成审慎理财的习惯。

父母可以给孩子准备一个小账本，详细记录每天的收支情况。

收入与支出	日　期	金　额
本周零花钱		
上周零花钱余钱		10.5元
本周零花钱		36元
劳动所得（卖废报纸）		3元
总收入		49.5元
本周支出		
1. 交本周5天的午餐费	9月4日	25元
2. 购买圆珠笔一支、铅笔一支	9月5日	2.5元
3. 为好朋友小明购买生日礼物	9月8日	7.8元
……	……	……
总支出		

在每周发下一周的零花钱时，父母可以跟孩子一起认真检讨上一周零花钱的使用情况，看看哪些方面做得比较好，哪些方面做得不够好，需要改进。

余钱储蓄有惊喜

相信所有的父母都会认同储蓄是一个良好的习惯，储蓄就是把今天的零碎的小钱暂不使用，积少成多，留待以后购买一些较为贵重的东西。

鼓励孩子把零花钱储蓄下来，父母可以借鉴国外一种叫"双倍储蓄"的做法。这种做法很简单，就是当孩子每储蓄1元钱时，父母也会同样帮孩子存入1元钱，这样孩子可以得到双倍的金钱。当然父母也可以事先约定一些条件，例如，孩子如果在某一时间内花掉储蓄的话，父母便会把自己的部分取回。这种方法既可以增添孩子储蓄的动力，又可延长孩子储蓄的时间。

父母也可以对"双倍储蓄"变通一下，采用一种叫"年终奖金"的做法。父母事先跟孩子约定一个奖励计划：当孩子的年终储蓄达到一定数额时，便可获得父母一定比例的额外奖励，储蓄的金额越高，奖金的金额就越高。

一位妈妈为了纠正儿子大手大脚花钱的习惯所采取的方法值得借鉴：

妈妈平心静气和地与儿子做出约定：开一家"银行"，要把每天没用完的钱存到妈妈这里来，由妈妈替他保管，还有利息，但妈妈保证不挪用，钱仍然属于孩子。妈妈还发明了奖励方法：满8送2，存到8元钱便送他2元钱，凑足10元钱，存款到一定时间后给孩子转入银行或购买学习用具。

儿子第一天便存入0.5元钱。妈妈规规矩矩地记下金额、时间，并签了字。随后他又常常存上0.5元、1元的。过了一段时间，有一天妈妈告诉儿子"银行"里已经有50元钱了，儿子起初还不信。妈妈把账算给他听了，儿子才相信自己有这么一大笔钱，并提出取一点钱买本《格林童话》。妈妈二话没说答应了。

从此以后，儿子存钱的积极性更加高涨。到了上月末，存折上已经有了近200元，这还不包括压岁钱这些大收入。而且，妈妈更高兴的是，儿子不再乱花钱买那些乱七八糟的玩具、卡片了。

当然，父母也可以跟孩子一起去银行给孩子开一个真正的储蓄账户，隔一段时间，把剩余的零花钱存进去，让孩子体验"钱生钱"的乐趣，也让孩子知道积少成多，积小钱办大事的道理。

让孩子自己赚零花钱

为了更好地让孩子了解金钱的交换价值，除了让孩子了解金钱可以买到什么以外，最好的办法莫过于让孩子用自己的实际劳动去赚取一些零花钱。赚钱的过程，其实就是了解金钱价值的过程，这对培养良好的消费心理、养成健康的消费行为都有非常好的作用。

洛克菲勒家族就特别重视让孩子通过自己的劳动来赚取零花钱。老洛克菲勒的孙子劳伦斯在小的时候就干过很多杂活，他曾经养过兔子，然后把兔子卖给科学实验室来赚取外快。他还拍过苍蝇，拍100只苍蝇可以赚10美分。

摩根财团的创始人摩根当年靠卖鸡蛋和开杂货店起家，发家后对子女要求非常严格，他规定孩子每月的零花钱都必须通过干家务活来获得。为了赚钱，几个孩子都是抢着干家务活，以至于最小的孩子托马斯经常抢不到活干。

父母可以设计一些类似这样的活动，比如说收集家中的废报纸、矿泉水瓶、易拉罐，或者是做家务劳动。在做这些事的过程中，通过一些简单的计算，来了解金钱的价值。比如，父母可以让孩子算一算收集多少公斤报纸才能赚够10元钱，收集多少个塑料瓶才能赚够10元钱。在无形之中，孩子就了解了金钱的价值。

100个矿泉水瓶（每个1角钱）＝10元钱

50个易拉罐（每个2角钱）＝10元钱

……

甚至父母可以跟孩子一起真正从事一些经营性的活动，比如周末和节假日卖报纸，或者节日时批发一些玫瑰花到大街上零售。这种经营性的活动，更有利于孩子了解金钱的价值。

卖出10朵玫瑰花（每朵赚1元）＝10元钱

100份晚报（每份赚1角钱）＝10元钱

通过这样一些活动，孩子会真正认识到爸爸妈妈的钱是怎么来的，它不是从爸爸口袋里取出来的，而是辛勤劳动赚来的，这样做有助于改正孩子诸如攀比等不良的消费习惯。而且，孩子借此了解到金钱与劳动之间的关系，这对于培养孩子勤奋学习和工作也大有帮助。

4. 孩子有进步吗

父母对孩子的零花钱使用状况要多加关注，既要指导孩子根据零花钱使用的记录对自己的消费行为进行调整，又要根据孩子零花钱使用的现状及时调整自己的教育策略。零花钱的使用状况评估的主体应该是孩子，父母可以从以下两个方面指导孩子评估自己的零花钱使用情况。

预算执行情况

每个周末发下周零花钱时，不妨先指导孩子对上周零花钱预算使用情况做总结，总结的内容包括：

1. 上周的零花钱是超支（支出超过预算）、盈余（支出小于预算）还是平衡（支出等于预算）？

2. 如果是超支，超支了多少钱？为什么超支？以后如何避免呢？如果是盈余，盈余了多少钱？有什么经验可以分享？

零花钱使用情况

对孩子某一段时期（比如一个学期）的零花钱使用状况进行统计分析，并做出评估：

1. 哪些花费是必要的支出？

2. 哪些花费是不必要的支出？如何做出调整？

父母根据孩子的表现，给予一定的奖惩。既然本课的目的是培养孩子合理使用零花钱，那么父母就可以像洛克菲勒那样，用零花钱作为奖励和惩罚的工具。如果孩子的预算执行情况较好，零花钱使用得当，父母就可以适当增加孩子的零花钱；反之，则减少孩子的零花钱。

5. 好环境，好习惯

零花钱，孩子说了算

对于零花钱的使用，父母最好放手让孩子负责自己的零花钱。父母可以对孩子的消费行为提出建议，但不要把自己的意见强加给孩子，更不能在发放零花钱之前，就已经完全决定了孩子零花钱的支出项目。

在刚开始拥有零花钱的时候，孩子很可能掌握不好，会随心所欲地购买一些零食、小玩具，发生"财政亏空"，但这只是"付学费"。

当孩子因使用不当造成零花钱不够用时，父母也不要轻易给额外的金钱来帮助他们渡过难关，而要让他们承担后果，从而学会对自己的消费行为负责。只有孩子体会到了不当消费的后果时，他在以后消费时才能更谨慎、更有计划。

错误是成长的一部分

有许多父母怕孩子乱花钱，怕孩子不会买东西，上当受骗，所以不让孩子拥有钱，也不愿让孩子花钱，买什么东西都由父母代替，这是一种因噎废食的教育模式，孩子不但养不成好的消费和理财习惯，反倒会让孩子养成随意花钱的坏习惯。

让孩子拥有零花钱，自己花钱买东西，孩子肯定会犯一些错误，甚至会犯一些较为严重的错误。但是，孩子在年纪较小的时候犯这些错误，涉及的钱数较少，造成的损失也不会太大，理财方面的错误也可尽早克服。相比较而言，一个不会理财的成年人造成的损失就会大得多、严重得多。允许孩子犯错误，是对孩子成长过程的尊重。

理财有乐趣，孩子才积极

培养孩子合理使用零花钱的习惯，其目的是借此培养孩子的理财习惯，培养孩子为自己的行为负责的意识，而并不是为了控制孩子，减少孩子零花钱的使用量，减少使用零花钱给孩子带来的快乐。

如果说孩子通过零花钱管理使自己的花费减少了，父母不能因此减少孩子零花钱的数量；相反，应该对孩子的这种良好的表现进行褒奖，让他体验到合理使用零花钱所带来的快乐。孩子剩余的零花钱，可以储蓄起来。当孩子看到自己户头上的零花钱日益增长时，他会感到快乐的。

孩子只有感受到零花钱管理的乐趣，他才更愿意继续进行零花钱管理，父母的教育才会更有成效。

家庭理财，孩子有一票

家庭的消费环境、父母的购物习惯等对孩子使用零花钱的习惯具有很大的影响。在家庭购物时，父母可以适当征求孩子的意见。比如，在购买家电时，可以与孩子一起分析各种商品的价格、质量、售后服务等，并结合自己家庭的实际需要来做出合理的决定。家庭所需日用品的购买也可以让孩子负担其中的一部分。

理财是一种可以学习也应该学习的生活技能，如果您觉得自身的理财能力还有待提高，那么，在借助本章内容促进孩子养成合理使用零花钱习惯的过程中，也许您自身的理财能力也将获得提升。

榜样的指引和激励

李嘉诚：零花钱要交所得税

李嘉诚每次给孩子零花钱时，先按10％的比例扣下一部分，名曰"所得税"。这样，孩子在花钱时不得不事前进行仔细盘算，做一个全盘和长久的考虑。当孩子在外地读书时，李嘉诚给他们开了两个银行账户，其中一个账户上的钱他们绝对不能动用，这些是准备给他们完成博士课程的费用。如果要使用另一个账户的金钱，他们必须写信给李嘉诚报告，或者打电话说明，征得同意后才可以用。

李嘉诚是世界有名的华人富翁，他的儿子李泽钜、李泽楷可以说是含着"金汤匙"长大的，但是富可敌国的李嘉诚一点也不娇惯两个儿子；相反，从小就让他们接受磨炼，并且培养他们的理财意识，教导他们节俭。他用生活的道理教导儿子，温室里的幼苗难以茁壮成长，他带他们体验外面的艰辛。

山姆·沃尔顿：教孩子自己挣零花钱

与同龄的孩子不同，老沃尔顿不给孩子们零花钱，而是要求他们自己挣。四个孩子都开始帮父亲干活了。他们跪在商店地上擦地板，修补漏雨的房顶，夜间帮助卸车。父亲付给他们的工钱同工人们一样多。罗布森作为沃尔顿家四个孩子的老大，刚成年就考取了驾驶执照，接着就在夜间向各个零售点运送商品。罗布森·沃尔顿如今回忆说，父亲让他们将部分收入变成商店的股份，商店事业兴旺起来以后，孩子们的微薄投资变成了不小的初级资本。大学毕业时，罗布森已经能用自己的钱买一栋房子，并给房子配备豪华的家具。

沃尔玛公司连续多年排名《财富》世界500强全球第一名，每天都源源不断地创造着巨大的财富。拥有这家公司的沃尔顿家族可以说是这个世界上最富有的家族之一，但公司董事长山姆·沃尔顿自身的简朴以及对子女的"勤俭"教育则与所拥有的巨额财富形成了巨大的反差，这不能不让我们深思。

洛克菲勒：14条洛氏零用钱备忘录

洛克菲勒家族是世界上第一个拥有10亿美元财富的美国富豪家族，可谓富甲天下，怎么花钱都花不完。但是，洛克菲勒家族对后代的要求却比普通人家更加严格，下面就是著名的"14条洛氏零用钱备忘录"，也就是父亲与小时候的约翰·洛克菲勒三世关于零花钱的约定：

1．从5月1日起约翰的零用钱起始标准为每周1美元50美分；

2．每周末核对账目，如果当周约翰的财政记录让父亲满意，下周的零用钱上浮10美分（最高零用钱金额可等于但不可超过每周2美元）；

3．每周末核对账目，如果当周约翰的财政记录不合规定或无法让父亲满意，下周的零用钱下调10美分；

4．在任何一周，如果没有可记录的收入或支出，下周零用钱保持本周水平；

5．每周末核对账目，如果当周约翰的财政记录符合规定，但书写和计算不能令爸爸满意，下周的零用钱保持本周水平；

6．爸爸是零用钱水平调节的唯一评判人；

7．双方同意至少将20%的零用钱用于公益事业；

8．双方同意至少将20%的零用钱用于储蓄；

9．双方同意每项支出都必须被清楚、确切地记录；

10．双方同意在未经爸爸、妈妈或斯格尔思小姐（家庭教师）的同意下，约翰不可以购买商品，并向爸爸、妈妈要钱；

11．双方同意如果约翰需要购买零用钱使用范围以外的商品时，约翰必须征得爸爸、妈妈或斯格尔思小姐的同意，后者将给予约翰足够的资金。找回零钱和标明商品价格、找零的收据必须在商品购买的当天晚上交给资金的给予方；

12．双方同意约翰不向任何家庭教师、爸爸的助手和他人要求垫付资金（车费除外）；

13．对于约翰存进银行账户的零用钱，其超过20%的部分（见细则第八款），爸爸将向约翰的账户补加同等数量的存款；

14．以上零用钱公约细则将长期有效，直到签字双方同时决定修改其内容。

爸爸（签字）

儿子（签字）

第八章

情绪管理

一个动物实验

为了研究情绪与疾病之间的关系，两位研究者曾在一个牧场里做了这样一个动物实验。

实验对象是一些普通的羊。

第一周，研究者把一根分量很轻的电线绑到一条羊腿上，然后让羊整天拖着这根电线走动。羊好像一点感觉也没有，一周过去了，它表现得非常健康。

第二周，研究者开始在电线上施加轻微的电击，电压很低，每次电击时，羊的反应只是轻微地震颤一下，羊腿会发生轻微的抽搐。接着，这两位研究者频繁地给这只羊施加轻微电击，每次实验结果都一样，除了震颤后的轻微抽搐外，羊像往常一样正常地进食。实验结果说明：这种轻微的电击不会损害羊的健康。

第三周时，研究者改变了实验条件：除让羊承受轻微电击之外，还要让羊对电击产生恐惧反应。具体的做法是：每次对羊进行电击的10秒钟之前，先播放一种铃声，10秒钟之后，电击准时出现。经过数次反复之后，这只羊开始对铃声产生了条件反射：一听到铃响，它就会停止进食，焦虑地等待着电击的到来。

最后，实验者进一步改变实验条件：增加铃声的频率，使羊不断地产生恐惧并不可避免地受到电击。

结果，羊很快就出现了疾病的征兆，起先是拒绝进食，然后是不再与同伴待在一起，在牧场中孤独地游荡，然后拒绝行走，继而无法站立，最后呼吸困难。实验人员推测，如果实验不停止，羊很快会死掉。

研究人员最后得出结论认为：哪怕是轻微的不愉快情绪，如果不断地重复出现的话，也是会诱发疾病的。

情绪与健康

情绪影响一个人的健康。马克思曾说过：一种美好的心情比十服良药更能解除生理上的疲惫和痛楚。积极的情绪能提高大脑皮层的觉醒水平，通过神经生理机能，协调有机体内外的平衡。许多长寿老人的经验表明，积极的情绪是他们长寿的原因之一。研究表明，乐观、愉快的情绪能使人的免疫力增强，有助于恢复健康。

消极的情绪则会严重干扰心理活动，并造成体液分泌紊乱，免疫功能下降。生理学研究表明，生气10分钟会耗费大量人体精力，其程度不亚于参加一次3000米的赛跑。生气时的生理反应十分剧烈，分泌物比任何情绪都复杂，更具毒性，因此动不动就生气的人很难健康，很难长寿。

消极情绪对人的神经系统刺激较大，可以破坏神经系统的平衡，导致骨骼肌肉和内脏肌肉长期处于紧张状态。有研究表明，在患肌肉疼痛的病人当中，85%是由情绪紧张引发的。

消极情绪还影响人的消化系统，使人消化不良。美国一家医院的调查数据表明，在500名胃肠病患者中，因情绪不良而致病的占到74%。消极情绪还会提高癌症、高血压、心血管病等病的发病率，增加死亡的可能性，缩短人的寿命。

情绪与成功

情商，即情绪智力，指个体监控自己及他人的情绪和情感，并识别、利用这些信息调控自己的思想和行为的能力。情商主要包括三个方面：（1）清晰地理解自己的情绪，准确地把握他人的情绪；（2）有效调节和控制自己与他人的情绪；（3）运用情绪来引导和促进思维。

美国心理学家奥列弗·温德尔·荷尔姆斯运用情商概念，曾对美国历史上诸位总统进行测试。他认为，富兰克林·罗斯福总统是个二流智力、一流情商的政治家，他由此被公认为美国历史上一位卓越的领导人；而尼克松总统拥有一流智慧，但情绪能力一团糟，故而黯然下台。

情商对一个人的发展非常重要。许多心理学家认为：一个人未来成就的大小，起决定作用的是情商。美国心理博士戈尔曼在其名作《情绪智力》一书中明确提出："真正决定一个人成功与否的关键是情商而非智商"。哈佛大学的一项研究显示，在成功、成就、升迁等因素当中，85%是正确的情绪，而只有15%是专门技术。

儿童正处于身体和心理发育的上升期，人类所具有的所有情绪儿童都已具有，但是儿童的情绪认识、情绪调节能力相对成人而言，还有相当大的差距，因此，儿童容易面临各种各样的情绪问题。所以，很多儿童心理专家建议，孩子要从小学会控制自己的坏情绪，养成情绪管理的习惯。

1. 情绪管理，从认识情绪开始

认识情绪

在引导孩子了解情绪的作用之前，有必要先让孩子了解一下情绪是什么，情绪对我们的生活有什么样的影响。

父母可以告诉孩子，情绪是人们由对客观事物所持态度而产生的一切主观体验，它是一种心理过程，并伴随着一系列的生理反应。情绪多种多样，人类有喜、怒、哀、乐、恐惧、厌恶等基本情绪。情绪一般又可分为两种。一种是有益于身心健康的积极情绪，它能满足人的需要，引起人肯定的态度，并产生愉快、积极的情绪体验，这种情绪对人体的生命活动能起到良好的作用，如快乐、满足、高兴等。另一种是有损身心健康的不良情绪，它引起人的否定的态度，并产生不愉快的、消极的情绪体验，如愤怒、焦虑、忧郁、嫉妒等。

关于情绪对我们的影响，父母可以从生理、心理、行为和认知4个方面引导孩子了解情绪反应：

积极情绪的反应

父母可以以某一种积极情绪为例来跟孩子一起了解积极情绪所引发的反应，比如以一种典型的积极情绪——高兴为例。

请父母和孩子都想一件令自己高兴的事，或者回忆一次特别高兴的情绪体验，分析"高兴"这种情绪所引发的一系列反应：

- 生理：肌肉放松、脉搏平缓、_____
- 心理：感觉到愉悦、轻松、_____
- 行为：微笑、步伐轻松，甚至手舞足蹈、_____
- 认知："我是一名很有发展潜力的学生。"_____

分享"高兴"情绪之后，父母要注意引导孩子对积极情绪所引发的反应加以总结，让孩子认识到积极情绪的益处，努力使自己的生活中多一些积极的情绪。

消极情绪的反应

接下来，父母可以以一种典型的消极情绪——愤怒为例，跟孩子一起了解消极情绪所引发的情绪反应。

- 生理：心跳加速、呼吸加快、眼睛瞪大、_____
- 心理：心里难受、伤心、_____
- 行为：握紧拳头、牙关紧咬、全身肌肉紧张、_____
- 认知："他说我背后说他坏话，这让我感到非常气愤。"_____

……

讨论完消极情绪所引发的反应之后，父母也要稍做总结，让孩子认识到消极情绪对个人的危害。

体验消极情绪

当一个人处于消极情绪控制之下时，他的身体往往处于应激状态。比如，当人处于愤怒或惊恐状态时，他往往呼吸急促，肌肉紧张，准备逃跑或还击。下面父母可以跟孩子做一个简单的练习，体验一下人在愤怒情形下的反应。

准备一块秒表或普通的钟表，父母当中的一人喊口令、计时，另一人与孩子一起练习。

开始：快速呼吸，每两秒钟呼吸一次。

计时：1秒、2秒、3秒……29秒。

停止。

练习做完了，下面可以让练习的两个人谈谈感受。

描述一下你的感受：_____

_____

对一般人来说，紧急呼吸30秒钟以后，会感到有些劳累，脑袋"嗡嗡"作响、头晕眼花、迷迷糊糊、晕头转向。当然不同的人感觉可能不一样，但都会感到不舒服，而这正是消极情绪对我们的影响。

认知消极情绪的危害

故事一：生气的骆驼

一只骆驼在沙漠里跋涉着。正午的太阳像一个大火球，晒得它又饿又渴，焦躁万分，一肚子火不知道该往哪儿发才好。

正在这时，一块玻璃瓶的碎片把它的脚掌硌了一下，疲惫的骆驼顿时火冒三丈，抬起脚狠狠地将碎片踢了出去，却不小心地将脚掌划开了一道深深的口子，鲜红的血液顿时染红了沙粒，升腾起一股烟尘。

生气的骆驼一瘸一拐地走着，一路的血迹引来了空中的秃鹫。它们叫着，在骆驼上方的天空中盘旋着。骆驼心里一惊，不顾伤势狂奔起来，在沙漠上留下一条长长的血痕。跑到沙漠边缘时，浓重的血腥味引来了附近沙漠里的狼。疲惫加之流血过多，无力的骆驼像只无头苍蝇般东奔西突，仓皇中跑到了一处食人蚁的巢穴附近，鲜血的腥味惹得食人蚁倾巢而出，黑压压地向骆驼扑过去，一眨眼，就像一块黑色的毯子一样把骆驼裹了个严严实实。不一会儿，可怜的骆驼就鲜血淋漓地倒在地上了。

临死前，这个庞然大物追悔莫及地叹道："我为什么跟一块小小的碎玻璃生气呢？"

父母可以请孩子思考下面三个问题：

问题1：骆驼的悲剧是由什么引发的？

_____

_____

问题2：当初骆驼被玻璃碎片硌着时，它应该怎么做？

_____

_____

问题3：当我们遇事不顺心时，应该怎么做？

_____

_____

_____

故事二：坏脾气男孩与钉子

有一个坏脾气的男孩，他父亲给了他一袋钉子。并且告诉他，每当他发脾气的时候就钉一个钉子在后院的围栏上。第一天，这个男孩钉下了37根钉子。慢慢地，每天钉下的数量减少了，他发现控制自己的脾气要比钉下那些钉子容易。于是，有一天，这个男孩再也不会失去耐性，乱发脾气了。他告诉了父亲这件事情。父亲又说，现在开始每当他能控制自己脾气的时候，就拔出一根钉子。一天天过去了，最后男孩告诉他的父亲，他终于把所有钉子拔出来了。

父亲握着他的手，来到后院说："你做得很好，我的好孩子，但是看看那些围栏上的洞。这些围栏将永远不能恢复到从前的样子。你生气的时候说的话就像这些钉子一样留下疤痕。如果你拿刀子捅别人一刀，不管你说了多少次对不起，那个伤口将永远存在。话语的伤痛就像真实的伤痛一样令人无法承受。"

这个故事也许更能引起孩子对自己行为的反思，请孩子想一想，自己有没有因为乱发脾气而对别人造成伤害的时候？也许父母也应该作一次检讨，请您也认真想一想，您有没有因为不能控制坏情绪而伤害到自己的孩子和爱人呢？尽管故事中的父亲说，"不管你说了多少次对不起，那个伤口将永远存在"，但是我们还是鼓励大家对无意中伤害过的人真诚地道歉。这样的体验会有助于你在下次面临同样的情况时，及时控制住自己的情绪。

在我们的历史典故中，也有不少与情绪有关的故事，比如诸葛亮"三气周瑜"、"范进中举"等，如果孩子对这样的故事感兴趣，您不妨找来读一读。当然，读故事本身不是目的，重要的是要引发孩子的思考，提升孩子对情绪影响的认识。

2. 孩子了解自己的情绪吗

请孩子完成下面这个小问卷，以了解孩子的情绪状况。

1. 我常常莫名其妙地发火。

   是 □   否 □

2. 我经常因小事而发脾气。

   是 □   否 □

3. 我总是愁眉苦脸，做什么事情都不开心。

   是 □   否 □

4. 我做什么事情都提不起劲儿，容易疲倦。

   是 □   否 □

5. 我比较容易懊恼、沮丧，对自己或别人常感到不满。

   是 □   否 □

6. 我比较容易对未来灰心丧气。

   是 □   否 □

7. 我好像对一切都不满意，并且很厌烦。

   是 □   否 □

8. 我一遇到不顺心的事就唉声叹气。

   是 □   否 □

9. 我老觉得生活没有什么意思。

   是 □   否 □

10. 我总是怕这怕那，怕不幸的事情降临。

    是 □   否 □

11. 我的情绪很容易被一些很小的事情弄糟。

    是 □   否 □

12. 我的情绪容易波动，大起大落。

是 □　　　　否 □

如果孩子在大多数题目上的回答是肯定的，那么这说明孩子的情绪不稳定，消极情绪较多，父母需要在指导孩子管理自己的情绪方面多下工夫，帮助孩子成为一个快乐的人。

3. 情绪管理有方法

情绪理论认为，情绪的产生往往有三个基本的环节：刺激（A）——认知（B）——情绪反应（C）。第一个环节是刺激，主要指外部环境刺激，比如一些高兴的事情，或者一些令人伤心的事情。第二个环节是认知环节，是指个体对刺激的理解，不同的人对同一刺激的理解往往是不同的，因此，同样的刺激可以激发不同的情绪反应。第三个环节，是情绪反应，比如愤怒、高兴等。

情绪管理主要从认知（B）和情绪反应（C）着手，或者调整认知，或者调整情绪反应。

改变认知，改变情绪

通过改变自己的认知来改变情绪体验，这是情绪管理当中最常用的方法。

情绪管理理论认为，在这三个环节当中，认知环节是关键，改变了认知，情绪往往就会随之而变。比如，面对同样的批评，不同学生有不同的认知，所产生的情绪反应截然不同。下面就是两个例子：

例1

A（刺激）：老师批评：怎么又迟到了！

B（认知）：该死，老师看我不顺眼，又想整我了！

C（反应）：情绪紧张，生气，对老师没有好感。

例2

A（刺激）：老师批评：怎么又迟到了！

B（认知）：老师关心我，想了解我迟到的原因。

C（反应）：情绪比较平静，对老师有好感。

通过上面两个例子，我们不难看到，要调整情绪，一般先要改变认知。认知改变了，情绪自然就改变了。

调整情绪反应之一：学会宣泄消极情绪

如果把人的心灵比作一只气球，把消极情绪比作有害气体的话，要维持正常的平衡，就要适时排放这些有害气体，否则气体积压越来越多，气球就会被引爆，对人来讲，就可能会因为心理负担过重而导致疾病。

及时宣泄消极情绪是一种很重要的情绪管理方法。生活中宣泄的方法很多，您可以鼓励孩子根据自己的特点，去尝试各种宣泄的方法，从而找到一种或几种对自己有效的方法。

痛哭

痛哭是一种强烈的情绪爆发，也是人的一种保护性反应。放声痛哭好比开闸泄洪，可以让孩子一泄心头怨恨，稳定情绪，平静心境。哭是人类的一种本能，是宣泄情绪的好方法之一。

有研究者认为痛哭时流出的眼泪中包含高浓度的蛋白质，它有减轻消极情绪的功效。还有研究指出，人在哭泣时，眼泪可以促使人在紧张、痛苦、悲哀时所产生的体内有害毒素排出，起到缓解心理紧张和痛苦的作用。

如果人在该哭的时候不哭，强忍眼泪，必然使消极情绪堆积在体内，长此以往，就会导致生理或心理的不适。中国有句俗话，叫"男儿有泪不轻弹"，认为眼泪是女性的专利，眼泪是脆弱的表现，这种看法是错误的，不管男性还是女性，都可以以这种方式来宣泄不良的情绪。通过流泪来宣泄不良情绪，是心理健康的表现。

当然，凡事都应有度，痛哭也一样，不管大事小事，一遇不顺就哭泣同样也是心理不健康的表现，是心理脆弱的反映。

倾诉

当遇事不顺，情绪不佳时，不要自己一个人生闷气，压抑消极情绪，而应该学会如何倾诉。英国哲学家培根曾说过："如果你把快乐告诉一个朋友，将有两个人分享快乐；如果你把忧愁向一个朋友倾诉，你将被分掉一半的忧愁。"

倾诉可以口诉，向自己的好友、亲朋、师长等倾吐自己心中的不快；可以笔诉，向远方的朋友写一封信诉说自己的心情；也可以找一处较偏僻、较隐蔽的地方对着旷野、对着墙壁大声说出自己心中所想；还可以写日记，自我对话、交流，把自己当作最知心的朋友。

宣泄的方法还有很多种，比如可以适当发发牢骚，也可以到无人的旷野大声吼几声，都会使消极情绪得以排解。

作为父母，您应该了解孩子情绪宣泄的方式，如果孩子还没有自己的情绪宣泄方法，您可以结合自己的经验加以引导。同时您也应该提醒孩子，宣泄并不完全等同于发泄，它必须是合理的，要注意宣泄的时间、地点、对象、场合，要遵守法律及公民道德规范，以不伤害他人为前提。

调整情绪反应之二：转移消极情绪

心理学研究认为，当出现消极情绪时，大脑中往往只有一个兴奋点，人的整个心理都被这个兴奋点所支配。那么，我们可以想象，如果另外建立一个新的兴奋点，就可以冲淡或抵消原来兴奋点的影响，消极情绪自然而然也就会消失。在《你会调控自己的情绪吗》一书中，作者介绍了两种基本的转移消极情绪的方法——活动转移或者转换情境，父母可以指导孩子试一试。

活动转移——做自己喜欢做的事情

当孩子情绪不佳时，父母可以鼓励孩子暂时抛开眼前引发不良情绪的事物，把注意力转向自己喜欢做、感兴趣的事情上。比如可以听听音乐，出去运动一会儿，或者去看一场电影，读读幽默作品。如果孩子的注意力被转移到这些让人感到兴奋、愉快的事情，那么他的情绪也会逐渐变得更为平静，更为积极。

转换情境

一般人的情绪往往容易受到情境、气氛的感染，在一种快乐的气氛下，我们会不由自主地感到心情很舒畅；相反，当受到他人无缘无故地挑衅时，我们往往会勃然大怒。当我们情绪不佳时，主动离开让人心烦的情境，眼不见，心不烦，耳根清静，情绪自然就会好转。再者，到一个新的情境中，大脑接受一些新的刺激，也容易使我们忘掉烦恼。

因此，当您或孩子感到心情不佳，怒气冲冲，或闷闷不乐时，请你们到外面走一走，也许就会感到放松。

如果有可能，到大自然中去，美丽的景色、新鲜的空气会使您和孩子耳目一新，烦躁的情绪也会一扫而空。

调整情绪反应之三：学会放松

消极情绪必定带来一定的生理反应。一个人处于消极情绪状态时，往往会产生一系列的生理变化，消极情绪一般使个体处于应激状态，这种应激状态会加强人的情绪反应。因此，要改变消极的情绪，可以从改变身体状态着手，使处于紧张状态的身体放松下来，从而减弱消极情绪的强度，最终消除消极情绪，身心恢复正常。要改变情绪，最快的方法是改变身体状态。

改变身体状态，使身体放松的方法有很多种，其中深呼吸法就是一种最为常用的方法。

当一个人感到愤怒、恐惧、紧张不安时，他的呼吸会变得更加急促，没有节奏，肌肉会变得紧张；而当一个人呼吸变得缓慢、有节奏时，他的头脑也会变得很清醒，他的情绪也会平静下来。因此，当被消极情绪控制时，可以通过缓慢而有规律的深呼吸来放松身心，消除不良情绪。在《降服看不见的老虎——青少年压力自助手册》一书中，作者厄尔·希普所介绍的深呼吸法操作简单，效果较好，父母不妨与孩子一起试一试。

开始练习时，父母中一人可以念指导语，另一人与孩子一起练习。熟练了以后，就可以自己一个人进行练习。另外一种方式是把这些指导语录下来，这样的话，磁带又可起到计时的功能。

练习准备：

● 找一个坐卧比较舒适的地方。

● 放松身上束得较紧的带子，脱下紧身的衣物。

● 背向下躺着或者找一个舒适的姿势坐着，使臀部和双腿处于放松状态。

● 闭上双眼，集中注意力听练习指导语。

深呼吸指南：

闭上嘴唇，通过鼻孔深呼吸三次。

把右手置于腹部，位置在肚脐稍向上一点，把左手置于胸腔顶部。

不要试图控制你的呼吸。注意察觉气息是从你身体的哪个部位发出的。

做一个长长的、慢慢的吸气到你的胸腔。左手抬升，右手保持静止不动。

短暂歇息，让胸腔充满气体，然后通过鼻孔慢慢呼气。

注意哪些肌肉参与了呼吸，体会胸腔充盈时的感觉，以及慢慢地、有意识地吐气以后的放松感觉。

重复"胸腔呼吸"三次。

吸气……保持静止……呼气。

吸气……保持静止……呼气。

吸气……保持静止……呼气。

稍事休息。停止对呼吸的控制，让呼吸自由进行。

现在做长长的、慢慢的深呼吸，这次要把气吸入你的腹部。右手抬升，左手保持静止不动。开始时可能觉得动作不协调，请耐心练习。

重复"腹部呼吸"三次。

吸气……保持静止……呼气。

吸气……保持静止……呼气。

吸气……保持静止……呼气。

再歇息一次，并让呼吸恢复到自然状态。

把双手放置到指定位置，把胸腔呼吸和腹部呼吸结合成一个缓慢的、连续的、四步骤的练习，具体如下：

- 数"一"，把气吸入腹部，右手抬升。歇息片刻。
- 数"二"，把气吸入胸腔，左手抬升。歇息片刻。
- 数"三"，腹部开始有控制地、慢慢地吐气，右手降低。歇息片刻。
- 数"四"，把胸腔中的剩余气体呼出，左手降低。

当你感到气体彻底吐干净以后，歇息片刻，然后进入下一个呼吸循环。

重复这种缓慢的、有节奏的呼吸两三分钟。记住胸腔呼吸和腹部呼吸的转换。

做完这种深呼吸以后，花一分钟时间让呼吸恢复到开始前的状态。

根据练习指导语把整个过程练习三到四次，直到你感到舒适为止。从那时起，你就可以运用四步骤循环呼吸练习来减轻压力，控制消极情绪。

开始时孩子可能很不习惯，不知道该怎么样将注意力集中于自己的呼吸。一段时间之后，他就会喜欢上这种通过简单的练习所产生的平静状态。然后，就可以延长每次练习的时间。每次4到10分钟就足以使烦乱、愤怒的情绪恢复平静。

而且，如果孩子熟悉了深呼吸法，那么他就可以随时随地运用这种方法来消除自己的消极情绪。比如，在考试前感到焦虑不安时，在上讲台演讲之前心慌时，在忍不住想要发脾气时，不妨深呼吸几次。深呼吸法已经使无数人受益，赶快试试吧，相信您和孩子都能从中获益。

4. 孩子的情绪管理得怎么样了

习惯的培养离不开评估，对于情绪管理习惯来说，评估最重要的目的不是看孩子坚持得怎么样，而是看孩子练习的结果，即练习是否有效。

当孩子使用某种方法以后，父母可以主动询问孩子这种方法是否有效，也可以通过观察了解。

对于有效的方法，孩子深受其益，自然会坚持。对于无效或效果不佳的方法，父母可以引导孩子分析其中的原因：是不适合孩子，还是孩子使用的方法不正确？

评估的目的，是要让孩子同时掌握几种管理情绪的方法，一旦一种方法没有效果时，孩子可以使用另外一种方法来调控情绪。

如果经过一段时间的训练，孩子的情绪变得稳定了，积极情绪更多了，消极情绪更少了，父母可以给予积极的反馈，增强孩子管理情绪的信心。情绪属于精神层面，奖励也最好是精神层面的，比如一个拥抱，一个会心的微笑，一句鼓励的话语都是比较好的奖励方式。

如果孩子的情绪仍然没有多少改变，父母也不要着急，更不要以牙还牙、以眼还眼，以恶劣的情绪对待孩子，这样做只能适得其反，为孩子坏情绪的发展提供了一个例子。父母应该耐下心来，寻找不良情绪背后的原因，慢慢寻找相应之道。父母需切记：欲速则不达。

5. 孩子好情绪，父母很重要

我们都知道，情绪往往是环境的产物，一般人都容易因环境而或喜或悲，因此，创造一个有利于孩子控制不良情绪的环境就显得尤为重要。

接纳孩子的消极情绪

孩子正处于生长发育过程中，他控制情绪的技能可能不像成人那样娴熟，因此，孩子出现各种情绪问题的可能性、消极情绪爆发的频率可能会远远高于父母。因此，父母要允许孩子有自由表达各种情绪的权利。父母要认识到，孩子表达情绪的过程其实就是一个宣泄的过程，就是一个学习的过程。父母不要压抑孩子的消极情绪，否则，消极情绪一旦积压到一定的程度往往会造成各种心理或生理问题。

积极引导、帮助孩子控制消极情绪

父母接纳孩子的消极情绪并不是说父母对孩子的消极情绪无能为力、无所作为。父母应根据自身的经验来引导孩子合理地控制自己的不良情绪。比如当孩子发怒时，父母应该告诉孩子，你可以生气，但是不可以伤害别人或者破坏别人的东西，父母可以及时把孩子带离那种"一触即发"的环境，并试着分散他的注意力。如果在交谈或引导后，孩子还是要发脾气，建议暂时不要理睬孩子，可以站在孩子附近，但是不要介入，让孩子明白父母不会被他的消极情绪所控制，直到他慢慢平复。

把微笑带回家

现代父母工作繁忙，在外面奔波一天，回到家时已是疲惫不堪，更因为外面不能随意宣泄情绪，所以往往把工作中造成的不良情绪带回家，使家庭中的其他成员也受到消极情绪的影响。如果您的家庭中正面临这样的情况，您可以在家门上挂一面镜子，或者把诸如"微笑"之类的温馨卡片挂在门上，提醒自己在进入家中之前，调整情绪，面带轻松的笑容，把积极情绪带给家中的每一个人。

孩子的情绪管理方式往往是在家庭中习得的，所以父母一定要学会管理自己的情绪，不仅在孩子面前不能乱发脾气，夫妻之间更要相互理解、相互体谅，积极关注对方的情绪变化，并及时给予安慰和支持。在温馨、和谐的家庭氛围中成长的孩子，将会拥有更快乐的人生。

第九章

体育锻炼管理

中国孩子怎么了

2011年10月份，一则足球新闻通过微博疯转而引起了人们的关注：北京地坛小学足球队0：15惨败俄少年队[①]。

北京地坛小学足球队与来访的俄罗斯伊尔库茨克州少年迪纳摩足球队踢了一场友谊比赛，结果以0:15惨败。这一消息立刻被疯狂转载。据参赛的地坛小学杨校长介绍，俄球员均为"00后"，地坛小学是三到六年级混编队，中方有身高优势，但技术和体能均不如对手，中国学生跑了20分钟就气喘吁吁。另据悉，中方校长表示俄方曾想将比赛时间定长一

---

① 王璟．北京小学足球队0：15惨败俄少年队引网友热议，http://www.yangtse.com/system/2011/10/26/011942475_02.shtml

些，但中方表示孩子体能无法坚持全场，所以进行了半场20分钟。中方学生在比赛中体能和技术完全处于下风，而需要指出的是俄方孩子年龄均小于中方。据了解，这支俄罗斯小学球队曾获2011年西伯利亚联邦区冠军，实力很强。

但紧接着，抱不平的北京冠军队主动约战又输了。

北京地坛小学惨败引发的质疑经过网络疯转，已经到了白热化的程度。也有网友跳出来为中国输球的小学鸣不平：中国一个小学的足球队和俄罗斯一个曾经获得西伯利亚联邦区冠军的足球队进行比赛，输球也很正常的，因为根本不在一个水平线上，所以不能以此为由就认为中国的孩子不行。

中国孩子也想为自己挽回颜面，10月25日，北京南湖东园小学越野队主动约战俄罗斯队。据悉，该队曾是北京地区小学00~01年龄组冠军，曾以30球以上的优势击败地坛小学队。赛前，南湖东园小学校长表示一定要赢了对手。可令人伤心的是，在这场历时70分钟的比赛中，东园队最终以3:7负于了伊尔库茨克州少年迪纳摩足球队。

著名足球运动员郝海东评价说："我们同龄的孩子能赢俄罗斯队的话，中国足球就是世界前八了。"

中国孩子体质堪忧

小学足球队惨败的消息就像一根导火索，引发了国人对中国孩子体质的长久担忧。中国孩子的体质近二十多年来持续下降：中国孩子身高更高了，体重更重了，但体质却更差了，跑得更慢了，跳得更近了，力量更小了，耐力更差了，超重肥胖更多了，视力下降了。

更让国人感到震惊的是，中国孩子的身高与日本孩子的身高差距越来越小，并已经被日本孩子反超。以男孩为例，7~18岁日本男孩的平均身高均超过中国男孩，其中，12岁时，中国男孩比日本男孩矮4.7厘米，到19岁时，中国男孩仍然比日本男孩矮1.3厘米。

这些资讯已足以让我们重视孩子的身体健康了吧。

1. 体育锻炼收益多

身体好，成绩才能好

为了让孩子重视体育锻炼，我们不妨先来看来自美国的一项研究[①]：

美国加州大学洛杉矶分校的麦凯西博士等人对1989名五、七、九年级学生进行了调查，目的是探讨体质、体重数据与加州的标准化数学、阅读与语言测试成绩之间的关系。

这项研究发现：

● 初高中学生在一英里的跑步/步行体质测试中，用时每多出一分钟，考试成绩就会下降一分以上。

● 将近三分之二(65%)的学生没有达标。与这些体质未达标的学生相比，体质达标学生的平均成绩更高。

● 与体重正常的学生相比，超重与肥胖学生的考试成绩明显较低。

基于此研究结果，麦凯西博士建议学校和父母要留意体质与学习成绩之间的关系。他们认为：要充分发挥人脑功能，"最好保持健康的体质及健康的体型"。

从这个研究中，我们不难看出，身体好和学习好并不相互矛盾，它们相互促进。如果没有好的体质作基础，中学时期巨大的学业压力有可能损害孩子的体质，反过来危及其学业成绩。

体育锻炼，强身健体

体育锻炼首先对生理健康具有重要的影响。对于儿童来说，体育锻炼

---

①体质好的学生学习成绩也较突出［J］. 21世纪，2010（4）。

还具有特殊的意义，因为他们正处于身体发育和心理发育的黄金期。

体育锻炼能促进孩子运动系统的发展

运动心理学的研究表明，进行体育活动有助于人体骨骼的生长和发育，有助于增加肌肉的体积和肌力。

体育锻炼可以促进孩子身高的增长

中小学生正处于运动系统发展的快速期，有资料表明，经常参加体育锻炼的学生与其他同龄人相比，身高平均高4至7厘米。经过长期的运动，人体肌肉的比重可由占体重的40%左右改变为50%。因此体育锻炼可以明显改善人体的形态，即高矮胖瘦。

体育锻炼可以提高孩子心血管系统的机能

人的心血管系统担负着人体内新陈代谢的任务。在体育锻炼中，心脏毛细血管开放的数量增多，心肌的血液供应和新陈代谢加快，增加了心肌中蛋白质和糖元的贮备，心肌纤维变粗，心肌增厚，心脏的形态发生良好的变化。随着心骨收缩力量增大，心脏容量也得以增加。有资料显示，一般人每次脉搏输出量为70~90毫升，经常锻炼的人为100~120毫升。而且，经常参加体育活动还可以预防一些心血管疾病。

体育锻炼可以改善神经系统的机能

人体的任何一个器官、系统都是在神经系统的调节、控制下完成的。中小学生正处于脑细胞神经联系建立的黄金期，大脑神经细胞的分化机能迅速发展，大脑皮质的结构和功能发生着巨大的变化。经常参加体育活动可以改善神经系统的机能，使人的头脑清醒，思维敏捷。

体育锻炼，磨炼意志，和谐心灵

乒乓球世界冠军孔令辉小时候胆子小，特别怕水。为了锻炼他的胆量，当教练的父亲下狠心有意让孔令辉去学游泳。起初，孔令辉吓得直哭，可是父亲还是把他扔到松花江里，在滔滔江水的拍打下，孔令辉硬是培养出了不怕苦的坚强意志。

　　除了对生理健康具有至关重要的影响以外，体育还对心理健康具有非常重要的作用。毛泽东1917年在《体育的研究》一文中指出："体者，载知识之车而寓道德之舍也"，"无体，是无德智也"。因此，他主张人应当"文明其精神，野蛮其体魄。"梁启超在《论尚武》提出尚武与尚智要并举，强调有了健康强固的体魄才会有坚忍不屈的精神，并认为"中国民族之不武"，是"二千年来，出而与他族相遇，无不挫折败北，受其窘迫"的主要原因。我国著名教育家斯霞曾说过："德育不好是危险品，智育不好是疵品，体育不好是废品。"

体育锻炼可以提高人的记忆力，改善记忆的效果

　　国外科学家所做的动物实验证明，运动训练能促进大脑中能量供应的再合成过程，改善大脑的营养状态。而且，体育锻炼可以使记忆的物质基础发生变化，经常参加体育锻炼可以使人脑内的核糖核酸增加，从而增强人的记忆力。

体育锻炼有助于改善情绪状态

　　研究表明，30分钟的跑步可以使参与者紧张、困惑、抑郁、愤怒等消极情绪状态得到显著改善，同时使精力保持在较高水平。参加体育运动可以提高人的情绪唤醒水平，使人精神振奋，乐观自信，充满活力。

体育锻炼有助于缓解压力

　　体育锻炼给参与的个体提供了一个暂时从枯燥重复的日常工作生活循环中脱离出来的机会。人承受巨大压力时，往往身心俱疲，体内会积累大量对人体有害的化学物质，而体育锻炼可以清除掉人体内所积累的有害化学物质。如果静止不动，这些体内的化学物质会让你感到焦虑和紧张不安。

体育锻炼可以提高自信心

　　有研究表明，积极参加体育锻炼活动者比不经常参加者自我评价更积极。

　　体育锻炼对我们每个人来说，都非常重要。世界卫生组织（WHO）总干事马勒博士曾一针见血地指出："必须让人们认识到，健康并不代表一切，但失去健康，便丧失一切。"

计算：体育锻炼的投入与产生

从经济学的角度来看，每个人都在追求自己的利益最大化，孩子同样也是如此。体育锻炼一方面可以给孩子带来收益，但同时也需要一定的付出。孩子愿不愿意锻炼，取决于投入和收益之间的关系，如果孩子觉得体育锻炼对自己有用，值得投入自己的时间、精力还有金钱，那么孩子就更有可能积极地参加体育锻炼。因此，父母首先可以跟孩子一起分析体育锻炼的投入和收益。准备好纸和笔，开始吧！

1. 体育锻炼需要哪些投入？

时间投入：比如每次锻炼40分钟，30分钟的准备时间和休息时间，每次共用时70分钟，每周锻炼3次，共计210分钟。

金钱投入：购买运动服装、运动器材或者租用运动场地费用等。

还有哪些投入呢？

2. 体育锻炼带来哪些收益？

对体育锻炼的收益，父母可以根据常识跟孩子一起去总结罗列，但是这样说服力可能不强。最好的方法是去找一些与体育锻炼有关的专业书籍，跟孩子一起阅读并整理出体育锻炼的好处，比如，可以整理出经常参加体育锻炼的一些好处。

生理方面的好处：

● 身高体重：身高平均高4~7厘米；体重正常，身材更匀称，体形更健美。

● 运动机能：脂肪少，肌肉多，力量更大。

● 心血管机能：心脏功能更强大，每次脉搏供血量加大；预防心血管疾病。

● 呼吸机能：更大的肺活量。

● 神经机能：头脑清醒，思维敏捷。

……

心理方面的好处：

● 改善情绪。

● 缓解压力。

● 培养意志品质。

● 增强自信心。

……

经过亲身的阅读和思考，孩子会更深刻地体会到体育锻炼所带来的好处，就会产生进行体育锻炼的需要，促使孩子开始进行体育锻炼。

2. 孩子喜欢运动吗

请孩子完成下面这个小问卷，测一测自己的运动习惯。

1. 我（孩子）每周运动锻炼_____次？

2. 我每次运动_____分钟？

3. 运动时，我感觉肌肉疼痛。

　　是 □　　　　　否 □

4. 运动时，我感觉喘不过气来。

　　是 □　　　　　否 □

5. 每次运动完以后，我总是感觉非常疲劳。

　　是 □　　　　　否 □

6. 每次运动结束后，好久都不能恢复。

　　是 □　　　　　否 □

7. 每次运动时，我都不会出汗。

　　是 □　　　　　否 □

8. 每次运动以后，我一点也不感觉疲劳。

　　是□　　　　　否 □

9. 体育锻炼的目的是为了竞赛，是为了拿名次。

　　是 □　　　　　否 □

10. 体育锻炼的目的是为了体育考试及格。

是 □　　　　否 □

问题1、问题2的目的是了解孩子的运动时间，对于中小学生而言，每周至少要运动4次，每次的运动时间要超过30分钟，这样才能基本保证孩子的运动需要。如果达不到每周4次、每次30分钟以上的要求，说明孩子缺少体育运动。

问题3、问题4的目的是了解孩子的运动强度，如果回答都是"是"，那么孩子的运动强度过大，应该适当减少运动强度。

问题5、问题6、问题7、问题8的目的是了解孩子的运动量。如果对问题5、问题6的回答都是"是"，那么孩子的运动量可能过大，应该适当降低运动的强度或缩短每次的运动时间。如果对问题7、问题8的问答都是"是"，那么说明孩子的运动量不足，应该适当提高运动强度或者延长运动时间。

问题9、问题10的目的是了解孩子对体育锻炼的认识。如果孩子对这两个问题的回答都是"是"，那么说明孩子对体育的目的认识有误，父母应该让孩子认识到，竞赛和考试只是体育的两个次要目的，对孩子而言，体育锻炼最重要的目的是为了自己的健康和未来。

孩子的体质状况好吗

对于处于发育中的孩子，父母特别需要了解孩子的身体状况、体质状况，比如，孩子的体重、身高、肺活量等体能指标您都要心中有数。

3. 科学锻炼，强身健体

科学锻炼是前提

体育锻炼重要，但要科学锻炼，才能获得预期的锻炼效果。盲目锻炼，不仅不能取得良好的锻炼效果，反而会损害健康或发生运动伤害事故。

科学锻炼最重要的一点就是要考虑到孩子的特点，要认识孩子生长发育的规律，抓住少年儿童体育锻炼的敏感期。

对少年儿童生长发育的有关研究证实，少年儿童身体各项素质均有一个"敏感发育期"。如果错过此一时期，则体质发育就会深受影响，而且这种影响很难通过后续锻炼得到弥补，会影响个体终生的体质状况。大量的体育科学研究表明，速度素质的敏感发育期为10~12岁；爆发力（如弹跳力）素质为12~13岁；力量素质为13~17岁；耐力素质为10、13和16岁；协调性、灵敏性、柔韧性均为10~12岁；反应速度、模仿能力均为9~12岁；跳跃耐力增长期女孩为9~10岁，男孩为8~11岁；背肌和腿肌力量猛增期女孩为9~10岁，男孩为9~12岁和14~17岁；臂部肌肉力量增长到15岁就发展缓慢了。强度适中的工作耐力，男孩在8~10岁，女孩则稍早些。体型的形成（身高、四肢、肩宽）发育最快时期男孩为11、13和17岁，女孩从11岁起每隔两年出现一个高潮。

科学地进行体育锻炼，就要抓住少年儿童生理发展的敏感发育期，有计划地开展锻炼。小学阶段主要发展孩子神经系统与视听系统之间的平衡、协调，提高孩子机体反应的灵敏度以及机体的柔韧性。进入青春期以后，在进一步加强灵敏、速度性锻炼的基础上，应加强力量素质锻炼。当青春期结束，孩子身高增长减缓时，可逐渐增加负荷，以增强肌肉的力量。

选择合适的锻炼项目

不同的体育运动项目有不同的特点，在选择体育运动项目时，父母应引导根据孩子的特点进行选择。在选择时应考虑以下因素的影响。

孩子的兴趣。兴趣是孩子最好的老师。孩子一旦对某项运动产生了兴趣，他就会自然地参与进来，坚持锻炼。父母可以从孩子的兴趣入手，指导孩子选择能满足兴趣的活动，比如有些孩子非常喜欢姚明，喜欢篮球，父母就可以此为切入点，培养孩子进行有规律的篮球训练。

孩子的体质状况。如果孩子体质较好，那么可以选择一些运动量大、比较激烈的项目，比如足球、篮球。如果孩子体质比较弱，那么可以先选择那些运动量不大、运动强度不高的技巧性项目，比如跑步、游泳、乒乓球等。

孩子的性格特点。体育项目的选择还要跟孩子的性格特点匹配起来，或者能发挥孩子的优点，或者能够改善孩子性格的不足。如果孩子有些胆小怕事，遇人腼腆，那么最好让孩子参加一些有一定风险的体育项目，如游泳、拳击、摔跤等，让孩子不断克服困难和障碍，勇敢地面对危险。如果孩子做事犹豫不决，不够果断，那么最好让孩子选择一些有助于增强果断品质的体育项目，如乒乓球、羽毛球、篮球、排球等，这些活动给孩子提供了发展优秀品质的机会。

在选择运动项目时，父母只是起引导作用，父母的作用相当于顾问、参谋，可以给孩子提建议，但最终的选择权掌握在孩子手中。因为孩子自己选择的项目，他最有可能坚持。

在选择体育项目时，还要遵循均衡的原则：既要发展运动器官又要锻炼内脏器官，特别是对呼吸和循环系统的锻炼更为重要；既要发展大肌肉群又要注意发展不常活动的小肌肉群；既要发展速度、耐力、灵敏，又要发展力量和柔韧等素质。

完成一次完整的运动训练

体育锻炼习惯是由一次一次的锻炼组成的，要养成习惯，先要清楚一次完整的训练过程是什么样的。一次完整的体育训练可以分为运动前、运动中和运动后三个阶段。

运动前——准备阶段

为什么运动前需要做准备活动？这是因为人体从安静状态进入到运动状态需要一个过渡阶段，即准备阶段，其目的是为了提高大脑皮层神经系统的兴奋性，以协调各器官系统的工作，为剧烈的运动和比赛做好准备。准备活动还能使机体发热，体温适度升高，提高神经传导速度，提高肌肉弹性，并能使肌肉组织中的氧气和二氧化碳更好地交换，促成更大的心输出量。准备活动可以使肌肉、肌腱都处于良好的状态，对预防运动损伤有很好的效果。

准备活动的内容是多种多样的，可以做一些基本体操、慢跑以及有趣的游戏。有时还需要做一些专门性的准备，使人体能够适应特定训练项目的要求。

以游泳为例，在孩子进入泳池前，应该进行准备活动，一般可以做一套体操，舒展肌肉和筋骨，然后围游泳池慢跑一到两圈。接着再做专门性的适应准备，如把脚慢慢地放进水中，适应一下水温，用泳池水擦拭皮肤，这样，皮肤就会逐渐适应泳池的水温。这种准备活动可以有效防止水中抽筋等运动伤害的发生。

运动中——进行阶段

仍以游泳为例，孩子进入泳池游泳后，刚开始游时，速度要慢一些，然后慢慢加快速度。在达到最佳的运动强度以后，要持续运动一段时间，这样才能达到比较好的运动效果。

什么样的强度才是适宜的运动强度呢？一般可以采用目标心率（心跳次数）的方法来确定最佳运动强度。目标心率是指运动时能给个体带来最大好处的心率。目标心率的计算公式如下：

目标心率（每10秒）＝（220－孩子的年龄）×70%/6

公式的分子部分即是每分钟的目标心率。之所以除以6，是因为在测量心率时，只需要数10秒即可。10秒以后，心率就会恢复到正常状态。

为了确定是否已经达到你的目标心率，可以先运动20分钟，然后测一下手腕或喉结部位的脉搏跳动次数。

如果心率超过了目标心率，或者累得喘不过气来，那么说明运动强度过大了，应该放慢运动速度。

如果心率小于目标心率，那么说明运动强度过小，应该加快速度再重新测一次。

如果心率恰好等于或接近目标心率，那么这就是最佳心率，以后保持这一强度即可。

在运动过程中，注意不要大量饮水，因水分过多渗入血液，会增加心脏和肾的负担，还会引起腹痛，影响呼吸。

运动后——整理阶段

人体从静止到运动需要一个过渡过程，同样，从运动到静止状态也需要一个过渡过程，这就是运动后的整理阶段。以游泳为例，当孩子游完2000米或者40分钟以后，完成了预定的训练任务，就可以慢慢停止训练，进入运动后的整理阶段。

在整理阶段，不要马上停止运动，而要慢慢进行一些整理运动，这有助于氧的利用和吸收，加快体内代谢产物的排除，还有助于消除疲劳。整理活动不是千篇一律的，它是一个运动动作的自然延续。一般可以做一些慢跑、散步、放松性练习和调整呼吸等活动，使机体逐渐过渡到相对平静的状态，一般需要五六分钟的时间。

在整理过程完成以后，应稍事休息，及时把身上的水和汗擦干，最好用热水洗澡、擦身，适当进行按摩，以消除疲劳，促进恢复，最后换上干爽的衣服。运动后应及时地补充水分，但饮水总量不可过多（约250毫升左右），饮用时应以少量多次为原则。运动后饮水时也可放些葡萄糖或蔗糖（100~150克），还可饮用一些碱性的运动饮料。整理过程完成后，至少半小时以后再进餐。

这样一个完整的运动训练即告结束，孩子也对如何运动有了一个基本的了解，以后不管是游泳还是进行其他形式的体育运动，按照这样三个步骤进行就可以了。

有规律地坚持体育锻炼

到现在为止，孩子已经完整地进行了一次运动，下面要做的就非常简单了，那就是有规律地坚持体育锻炼。父母可以跟孩子一起制订孩子的体育锻炼计划，确定每周的锻炼次数及每次运动的持续时间。一般可以按照FIT原则设计孩子的体育锻炼计划：

- "F"代表频率（Frequency），指每星期应该运动多少次。
- "I"代表最佳的运动强度（Intensity）。
- "T"代表时间（Time），即每次运动应该持续的时间。

频率：一般来说，孩子每星期至少需要运动四次。每星期运动四次可以使人的身体活动量超过生存的需要，而少于四次意味着健康水平没有实质性的提高。

强度：运动过度或运动不足效果都不好。如何确定最佳的运动强度在上文中我们已经介绍，孩子还记得计算公式吗？还记得需要数多少秒吗？如果记不清了，翻翻前面几页。

时间：为了使身体运动带来最多的好处，每次至少要将心率保持在目标心率左右持续运动20~30分钟。那种剧烈运动，歇一会儿，再剧烈运动一会儿，再歇一会儿的做法并不符合不间断原则。一旦开始运动，你就不要停下来，不要间断，大约持续半个小时左右。在运动前花几分钟做做热身，在运动后用几分钟放松放松。

在坚持锻炼的过程中，要注意这样几个原则：

第一，全面性原则。体育锻炼的目的，是促进身体的骨骼、肌肉及身体内脏器官的生长发育，发展匀称丰满的体型。只有坚持身体全面锻炼，才能达到这一目的。有些少年儿童在进行力量训练的时候，只注重局部力量的练习，如只练上肢不练下肢，只练胸部不练背部，这样锻炼的结果只能使身体比例失调。

第二，循序渐进原则。体育锻炼可以促进人体的生长发育，改善体型，但身体由弱变强必定有一个过程。少年儿童要根据自己的条件，制订一个切实可行的锻炼计划。锻炼时要做到由慢到快，由小负荷到大负荷，由短距离到长距离，内容由少到多。在具体操作上可以遵循百分之十原则，即每周的运动强度、运动量或持续运动时间的增加不得超过前一周的10%。例如，你这周每天持续跑步3 000米，下一周每天跑步的持续距离不应超过3 300米。

第三，针对性原则。不同时期体育锻炼有不同的锻炼目标，比如在少年儿童时期，长骨正处于生长期，加强下肢骨的锻炼，可增加高度和腿的长度。当然父母也可以根据孩子的具体特点进行有针对性的锻炼，比如孩子肺活量不够，那么就可以通过跑步来提高孩子的肺活量。

4. 孩子的锻炼合适吗

在开始培养体育锻炼习惯时，每次运动结束以后，要及时对本次运动的情况进行评估，评估运动量大小、运动强度是否适宜等，以便为下一次运动提供信息参考。

常用的评估方法主要有以下几种：

自我感觉评定法

在正常的情况下，每次锻炼前应该是精神饱满、体力充沛，对锻炼有兴趣，锻炼后能较快地消除疲劳。反之，在锻炼前感到体力不佳、精神不振，缺乏锻炼的愿望，锻炼时容易疲劳和出汗，有头晕等感觉，锻炼后长时间不能恢复等，这多半是由于缺乏系统锻炼、运动负荷安排不合理等原因造成的，应及时调整计划和运动负荷。

运动心情评定法

经常运动的人一般是心情愉快，乐意参加运动的。如果对运动不感兴趣，反应冷淡、厌倦，则可能是锻炼方法不当，健康有问题。

睡眠状况评定法

经常运动的人睡眠应该是良好的。表现为很快入睡，睡得香，睡得熟，清晨醒来精神饱满。如果运动后出现失眠、屡醒、多梦、清晨精神不好等情况，就要检查锻炼的方法和运动负荷是否合适。

食欲状况评定法

经常运动的人食欲良好。但有时由于运动负荷过大或大量出汗，失去过多水分和盐分会使食欲减退，所以运动刚结束时，食欲较差，运动结束半小时至一小时以后，应该有较强的食欲。

晨脉评定法

心率是判断疲劳程度最简单、最重要的指标，心率一般与身体的生理负荷成正比。负荷量越大，心率越快。通常可以用晨脉的变化来评定运动状况。晨脉是清晨醒来后，起床前测定的安静状态下的脉搏。

测量脉搏是最简便易行，而且最能反映机体情况的一个指标。正常情况下，晨脉应该平稳、有力，每分钟的次数也基本稳定，经过一段时间的锻炼后应有下降的趋势。若运动后第二天的晨脉基本恢复至安静心率状态，说明运动量偏小；如脉搏频率超过前一天的脉搏频率12次以上，说明机体反应不佳，如无疾病或其他原因，则说明运动量过大。

前四种评估方法带有一定的主观性，相对而言，晨脉评定法更客观、更准确一些。

除了运动后的评估以外，父母还要对孩子运动习惯形成的整体状况进行评估，如每周运动的次数、每次运动的时间、每次运动的次数是否达到预期的目标。

如果孩子的运动习惯坚持得比较好，父母可据此给予积极的鼓励。父母的目标是培养孩子的运动习惯，那么最好的奖励莫过于与体育运动有关的活动和奖励，比如，父母可以带孩子去现场观看孩子喜欢的体育比赛，也可以购买一些运动装备（运动鞋、运动器械）来奖励孩子。

5. 好榜样，好习惯，好身体

孩子爱体育，父亲很关键

孩子运动习惯的养成在很大程度上与父母的习惯、父母对运动的态度有关。研究表明，对孩子参与体育影响最大的是父母对子女参与体育的态度。如果父母喜欢运动，父母对孩子参与运动采取鼓励的态度，那么无疑会提高孩子体育锻炼的积极性。

男性天生比女性有更高水平的运动潜能，这是人类长期进化的自然结果。运动是男性的天性，男性体内的肌肉水平更高，男孩体内澎湃着更高水平的雄性激素，这些都使得男性比女性更喜欢运动。因此，父亲在发展孩子的运动兴趣、提升孩子的运动能力方面往往具有母亲无法比拟的作用。

国际奥委会驻中国首席代表李红就是在父亲的鼓励和督促下坚持身体锻炼，收获成功与幸福的。

著名的乒乓球世界冠军邓亚萍也是在父亲的影响下走上体育之路的。邓亚萍的父亲邓大松一生酷爱乒乓球，年轻时是河南省队的主力，拿过中南五省男子单打冠军，退役后在河南省队执教，曾任男队主教练。邓亚萍喜欢上乒乓球，并最终登上了世界乒坛冠军的宝座，她父亲的影响和教诲功不可没。

体育锻炼好榜样

李红——一路跑进奥委会

李红，国际奥委会驻中国首席代表，喜爱运动的习惯成就了她的人生，用她自己的话说就是："我是一路'跑'进国际奥委会的。"[1]——她从天津跑到清华，又从清华跑到哈佛，最终跑向神圣的奥运殿堂，既收获

---

[1] 刘晓. 奥运首席代表李红：用智慧经营事业和婚姻［J］. 妇女生活，2008（9）。

了梦想与成功，又收获了一个幸福的家庭[①]。

李红出生在天津一个普通的知识分子家庭，身为大学教授的父亲认为，长跑是锻炼健康体魄、培养坚毅品格的最佳课程。

6岁生日前一天，父亲告诉李红："红儿，明天是你的生日，爸爸要送你一份特别的礼物。"李红一听，高兴极了。第二天早上，李红被父亲从被窝里拽起来领到马路上。原来，父亲送给她的礼物是陪他一起跑步。从6岁开始，李红的父亲每天早上都带着她晨跑。有时候，父亲骑着单车陪她跑。在李红最累的时候，他总是严厉地不允许女儿停下脚步。这一跑就是13年，李红就从小学一直跑到了高中毕业。

天津人都熟知的水滴体育馆所在地，就留下了李红儿时跑步的足迹。那时候家是起点，这里是终点，两者相距3公里，她每天早晨奔跑往返于其间，从小学一直跑到高中毕业。运动给李红带来的不仅仅是良好的身体，还有不断挑战自我、战胜自我的喜悦。

1986年，带着学习尖子和体育尖子这两个光环，李红顺利地考入了清华大学土木工程专业。从那以后，每天下午4点，李红都会停下手头的功课冲上操场，开始雷打不动的跑步锻炼。在清华的几年，李红一直是校体育代表队女子400米、400米栏、4×400米接力的主力运动员。五年大学生活，李红收获的不仅是扎实的专业知识，还有"400米女王"的称号。

她一路跑进了哈佛大学的校园，在哈佛校园，她每天仍不忘跑步。在跑步的时候，她的身边不知什么时候多了一个男生，他们互生好感，由相识到相爱，热爱运动的她认识了同样热爱体育的老公。

自从2001年7月北京成功申办2008年第29届奥运会以来，国际奥委会就一直在寻觅一个人。这个人必须同时符合三个条件：第一，必须是中国人，会讲中国话，在中国出生；第二，要在美国受过教育，要有在美

[①] 渔樵、耕读、李红. 与奥运同行：国际奥委会驻华首席代表李红的婚姻和家庭 [J]. 家庭生活指南，2008（6）。

国大公司工作的经历；第三，这个人要熟悉欧洲的文化——因为国际奥委会总部设在瑞士洛桑。这个人将在未来的几年内，担负起国际奥委会北京2008年代表处首席代表这一要职。李红正好符合这三个条件。她顺利地成为国际奥委会驻中国首席代表，为2008年北京奥运会的顺利举办作出了贡献。

阿诺德·施瓦辛格——从"健美先生"到加州州长

在世界影坛被誉为"超级硬汉"的阿诺德·施瓦辛格就是以健美为起点一步一步走向事业的辉煌的。下面是2005年11月16日他在清华大学的演讲。他以"坚持梦想"为主题，分享了自己的运动经历，并探讨了运动与他的成功之间的关系。

我出道时是个举重运动员。自从第一次抓紧杠铃，将其高高举过头顶之际，我就为此感到异常兴奋。那时我知道，这就是我将来要做的事情。

我还记得最初那次真正的训练。当时我骑着自行车前往一家健身房，那儿离我家所在的奥地利小村庄有八英里之遥。在那里我训练了半个钟头，因为他们说训练必须半小时一停，否则你会全身酸痛。后来我看看自己的身体，什么事都没有！于是我说，"最好再练半小时吧"，就又多举了几下。可是力量并未因此增强，也不见肌肉鼓起来。然后我又练了半小时，再加半小时……结果总共练了两个半小时。

后来，我骑车回家了。刚走了一英里，我顿觉四肢麻木，连车把都感觉不到了，结果整个人从车上摔下来，掉进了路边的水沟里。第二天早上起床，我浑身酸痛，连举手梳头都无能为力，只好叫我母亲替我梳头——这真令人难堪！可你知道吗，我获得了非常重要的一次教训，即要想进步就得吃苦。

经过两三年意志上的磨炼和体力上的锻炼，我确实改造了自己的身体，气力也变大了。这件事告诉我，如果能大大地改变身体，我就能改变一切。我能改变习惯，改变智力，改变态度，改变思想，改变未来，改变人生。事实上我已经做到了。我想这一教训适用于人，也适用于国家。你能改变，中国能改变，世界上每个人都能变。

我还记得第一次到美国参加世界健美锦标赛，当时我输了，绝望无比。我就像一个败者，一个遭受惨败的人。我哭了，事实上因为我感到让朋友失望了，也让自己失望了。但第二天，我重整旗鼓，改变了态度，并对自己说，"我要吸取教训。"从那时起，我不断努力，事业从此飞黄腾达，我实现了自己想做的一切——首先成为健美冠军，接着成为电影明星，后来当上了加利福尼亚州的州长。

第十章
饮食管理

少女疯狂减肥饿剩一张皮

2011年3月10日《羊城晚报》报道了这样一个案例：

"身高1.68米，入院体重29公斤"——14岁的小敏的病历上写着这样触目惊心的数字。"她当时的样子就像是一副解剖室里的骨架蒙上一层皮，是被人抱进诊室的。"中山大学附属第三医院精神心理主任医师关念红拍拍病历对记者说。这样的"29公斤少女"她已经接诊了好几例，其中一人已经不在人世，成为名副其实的减肥牺牲品。

关念红说，20年前她出诊心理门诊，一年会碰到几例厌食症患者，而现在她一个星期就能接诊几例，患者几乎都是漂亮的花季少女。

......

　　减肥前的小敏身高1.68米，体重57公斤，身材匀称，是同学圈中的"高个儿小美人"。一次体育课上，小敏穿上运动短裤，被同学戏谑"大腿怎么变粗了"。一句戏言，却让爱美的小敏认为是同学对她的"警醒"——她变胖了。于是小敏开始减肥。

　　她的减肥餐单很简单，就是每餐只是吃一个苹果，实在太饿了就多喝水，每天至少在跑步机上跑2个小时。乍看这样的餐单很熟悉，很多爱美的女明星、女艺人都是以"水果+运动"作为生活减肥的主要手段。

　　小敏的减肥目标是体重80斤，当她历尽艰辛达到目标想要停下来时，却发现身体已经不再受她控制了。她只要吃一点点东西，胃都会发胀、难受，严重的时候甚至呕吐，体重继续失控地往下掉！月经停了，每天精神乏力，什么事也做不了，一两天不吃东西也不觉得饿。这时候，小敏非常害怕，但已经来不及了，体重还是不断下降，身体状况越来越糟，皮肤极易溃烂，走路多一点大腿根就会磨破，衣服洗完，妈妈必须用手把衣服揉得软软的，才敢给她穿，她不得不休学……

　　当小敏被抱进医院诊室的时候，"她当时的样子就像是一副解剖室里的骨架蒙上一层皮，已经是严重的营养不良，面色蜡黄，皮肤极其粗糙，头发稀稀拉拉只有几根，她已经连坐的力气都没有，只能趴着回答我的问题"，关念红对小敏初次就诊的情形记忆犹新。对于小敏的暴瘦，家人心急如焚，以为肠胃出了问题，带着小敏辗转看了几家医院的消化内科，最后来到心理门诊，才知道女儿患上的是"神经性厌食症"。

　　小敏的身体为何会失去控制？关念红解释，减肥过度体重下降到一定程度时，大脑的海马体会受到损伤，对食物的厌恶程度增加，大脑会分泌一种激素让身体觉得"不需要食物"而患上厌食症。

　　对女孩而言，随着青春期的到来，其体内脂肪含量水平相对男孩更高，这是为女孩将来承担母亲角色所做的准备。不当的节食减肥，会对女孩的身体有多方面的伤害，严重的"闭经停经"，更严重的还会患上厌食症。在身体健康和身体形象之间要取得平衡，饮食管理一定要科学合理。

健康亮红灯，饮食是主因

中国经济最近这些年增长迅速，但中国孩子的身体健康状况并不乐观：大量"小胖墩"和"豆芽菜"同时并存。

2010年《中国学生体质与健康调研报告》显示：7~22岁学生的肥胖率持续上升。7~22岁城市男生、城市女生、乡村男生、乡村女生肥胖检出率分别为13.33%、5.64%、7.83%、3.78%，比2005年分别增加1.94、0.63、2.76、1.15个百分点；超重检出率分别为14.81%、9.92%、10.79%、8.03%。

2012年，在第三届北京大学儿童青少年健康论坛上，北京大学儿童青少年研究所所长马军在论坛上指出，1985~2010年期间，城市青少年男性肥胖率从1985年的1.13%增长到2010年的14.6%。

在"小胖墩"增长的同时，中国孩子还出现了较为严重的"营养不良"，被戏称为"豆芽菜"。《中国不同家庭收入学龄儿童少年营养与健康状况》的数据显示：我国儿童少年营养不良率为9.2%。《2005年中国学生体质与健康调研报告》显示：7~22岁城市男生、城市女生、乡村男生、乡村女生低体重及营养不良检出率为21.61%、25.8%、34.2%、34.16%。

大量"小胖墩"和"豆芽菜"的背后是中国孩子的营养出了问题，或者过剩，或者不足，这都跟饮食有直接的关系。

饮食乃身心健康之本

饮食决定我们的身体健康。"饮食者，人之命脉也"，明代著名医学家李时珍曾这样高度概括饮食的重要作用。人类的生命维持、工作和思维都依赖饮食所提供的营养物质。健康饮食是保证合理营养的唯一途径。饮食安排是否合理，既直接影响到一个人的健康，又影响到一个人的思想、行为，影响到他的生理、心理状态。营养状态的好坏和饮食结构正确与否将决定生命的价值和个人的成就。合理饮食是身体健康的物质基础。世界卫生组织近年对影响人类健康的众多因素进行了评估，结果表明：遗传因素对人体健康影响居于首位，为15%；而膳食营养因素的影响仅次于遗传因素，为13%，远高于医疗因素的作用（8%）。

饮食习惯还影响我们的心理健康。一般而言，那些饮食健康的孩子除了身体健康以外，大都具有更旺盛的精力、更强的自尊心和自信心、更加良好的人际关系，更加积极主动、更易取得他人的信任。心理学有关肥胖消极影响的研究也证实了这一点。研究表明，不管是儿童还是成人，他们都认为肥胖的儿童不招人喜欢。到儿童中期（小学阶段），肥胖儿童自尊感不足，消极情绪体验更多，并且比同龄人表现出更多的行为问题，而且这种心理影响将是长期的。数据显示，肥胖儿童成年后，他们赚的钱更少，并且婚姻状况也不太好。

1. 饮食，对发育中的孩子特别重要

饮食，青少年健康成长之本

在生命的每一个阶段，健康饮食的意义都不容忽视。对于青少年儿童来说，健康饮食的意义尤为重大。少年阶段是人生发育的第二个高峰期，这一时期摄入的营养除了维持机体新陈代谢以外，还得有适量的储存以保证继续生长发育的需求。一旦错过了这一重要时期，将会给少年儿童的身体发育和健康成长造成不可弥补的损失。

父母可以引导孩子认识到健康饮食具有以下意义。

健康饮食是儿童身体正常发育的保证

少年阶段是人生发展的一个重要阶段，在这一时期，儿童的身体发育

很快，身高和体重增长迅速，逐渐接近成年人，机体各系统器官也逐渐发育成熟。他们所需的能量和各种营养素的数量相对要比成年人高。如果饮食不合理，营养摄入不均衡，就会发生营养问题，从而影响正常的生长发育。

少年儿童时期是骨骼发育的决定阶段，这个时期的发育，直接决定了人的身高、胸围等体格参数。尤其是青春发育期的到来，给孩子们带来了第二次生长突增高峰，成人身高的大约20%是在青春期获得的。尽管在决定儿童身高的因素中，遗传所起的作用远大于营养的作用，但是，合理而充足的营养可以促使孩子们发挥最大的生长发育潜力，帮助他们长到潜在的最高程度。儿童骨骼的发育与多种营养素有关，任何一种营养素缺乏，都会影响儿童的身高。

6~12岁的儿童的体重增长是比较平稳的，平均每年增长约2公斤，但进入青春期以后，体重增长的速度也会加快，一般为4~5公斤。相对于身高而言，体重的增长受营养因素的影响更为明显。少年儿童正常的体重是他们营养状况良好的表现，体重过低会影响生长发育，引起各种问题；体重过重或肥胖，会增加患多种慢性疾病的可能。

合理营养增强儿童大脑活力

少年儿童时期不仅是身体成长和发展的重要时期，同样也是智力成长发展的重要时期。虽然人脑神经元的发育大都是在幼年完成的，例如在小孩子2岁时，脑重已达到其成人时脑重的70%，在6岁时，已达到90%，但是更高水平的大脑皮层的发育仍在一直持续。有研究表明，与人的思考和意识相关的大脑前叶部分的发育将会持续到二三十岁时。营养与脑发育的关系至关重要，合理的营养能促使神经细胞和大脑皮层的充分发育，能使智力活动得到充分的养料。

2. 孩子的饮食合理吗

孩子现在的饮食怎么样

1. 我喜欢吃的东西一次吃很多，不喜欢吃的东西一点也不吃。

    是 □   否 □

2. 我不喜欢吃蔬菜。

    是 □   否 □

3. 我不喜欢吃水果。

    是 □   否 □

4. 我整天喝饮料，不愿喝水。

    是 □   否 □

5. 我喜欢吃零食。

    是 □   否 □

6. 我喜欢吃油炸食品或特别甜的食品。

    是 □   否 □

7. 我吃饭时老觉得没有味道。

    是 □   否 □

8. 我经常不吃早餐。

    是 □   否 □

9. 我晚餐吃得特别多。

    是 □   否 □

10. 我是个小胖墩。

    是 □   否 □

如果孩子在大多数问题上的回答是"是"，说明孩子的饮食习惯不健康，营养状况不良。父母需要多当心，从现在开始关注并纠正孩子的饮食习惯。如果孩子在大多数问题上的回答是"否"，说明他的饮食习惯较为健康，营养状况也必定良好，孩子要继续保持这种好的做法。

孩子的体重超标吗

由于物质生活的改善，越来越多的中小学生体重超标，怎么样判断孩子体重超标与否呢？现在国内外比较通行的判断肥胖的方法是体质指数法，体质指数简称BMI。BMI的计算公式如下：

$$BMI = 体重（千克）/ 身高（米）^2$$

对于17岁以下年龄的少年儿童，评定是否超重的标准如下表所示：

年龄/岁	BMI 指数				
	正常	超重	轻度肥胖	中度肥胖	重度肥胖
<6	15~18	19~20	21~22	23~25	>25
6~11	16~19	19~21	22~23	24~27	>27
12~17	18~21	21~23	24~25	26~30	>30

父母可根据计算公式先计算出孩子的BMI值，然后再对照表中的数值，判断孩子体重是否超标。

孩子存在营养不良吗

对于体重超标的评估相对方便易行，但对其他一些营养障碍的评估可能就困难得多，如维生素缺乏、钙缺乏、铁缺乏、锌缺乏和碘缺乏，父母需要查阅相关的专业书籍予以评判，或者借助专业人士（如营养科医生）和专业机构的帮助进行评估。

饮食标准：中国居民平衡膳食宝塔

均衡营养可以说是营养学上最重要的一个原则。但在现实生活中，许多孩子做不到这一点，有一些孩子挑食、偏食，碰到喜欢吃的东西，吃起来没完没了；碰到自己不喜欢吃的，宁愿挨饿也不吃。有些孩子不喜欢吃蔬菜，有些孩子一听到去麦当劳就来了精神。这些饮食行为都是饮食营养不均衡的表现。

父母怎么样让孩子认识到均衡营养的重要性呢？一个很好的做法是指导孩子认识什么是均衡营养，怎么样才能做好均衡营养。父母可以跟孩子一起购买或借阅一些与均衡营养有关的图书，也可以上网查找一些相关的资料信息。比如，父母可以指导孩子认识"中国居民平衡膳食宝塔"：

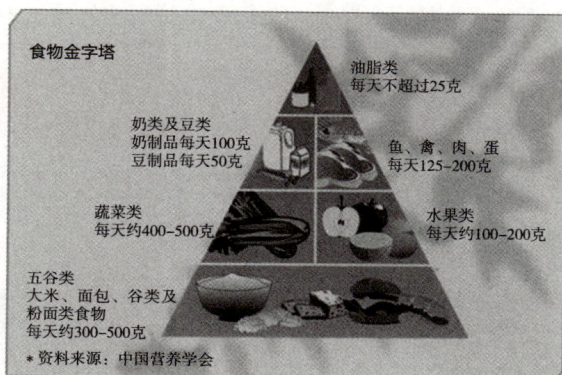

目前，我国还没有专门的儿童膳食宝塔，但据中国营养学会网站介绍，在指导孩子饮食方面，父母仍然可以根据"中国居民膳食宝塔"的要求指导孩子的饮食。有条件上网的父母，可以跟孩子一起浏览"中国营养学会"的网站[①]，了解儿童膳食营养的相关问题。

3. 健康饮食，重在坚持

一日三餐须重视

不管什么样的饮食原则，最终都要落实到孩子的饮食安排上。在饮食安排上，一日三餐无疑居于最重要的地位。但在现实生活中，孩子一日三餐安排得并不理想。有些父母和孩子把早餐不当回事，中国青少年研究中

---

① http://www.cnsoc.org

心2004年的全国性调查数据表明：7.4%的小学生和9.1%的中学生很少或不吃早餐。午餐状况也不容乐观，有人称之为"流浪的午餐"：有些孩子在学校吃营养午餐，有些孩子回家吃，有些干脆找个小饭馆随便应付。晚餐也存在不足，那就是营养太过丰盛，孩子往往吃得过多，被称为"补偿式晚餐"。这些问题的存在，除了一些客观条件以外，父母和孩子认识不足也是一个重要的影响因素。

让孩子认识到一日三餐的重要性，并非是一件容易的事情。知识的学习是孩子认识一日三餐重要性的必要前提，所以父母可以通过让孩子学习一日三餐的营养知识来提高孩子的认识。假如孩子对早餐认识不足，认为吃不吃都无所谓，那么父母和孩子可以通过分析不吃早餐或早餐吃不好的危害及其背后的原因来让孩子认识到早餐的重要性。

危　害	原　因
上午上课注意力不集中，疲劳，思考问题不积极，反应能力和理解能力不高，精神状态不好，学习效率低，学习效果不好。	经过一夜时间，人体胃肠内的食物基本被消化掉。大脑工作所需要的能量来自血糖，不吃早餐或早餐中的能量不够，血糖浓度就低，大脑细胞就得不到充足的血糖。
容易导致肥胖，长期不吃早餐的儿童长大后发生肥胖的比例，是吃早餐儿童的两倍。	不吃早餐或早餐没吃好，到了中午时会出现强烈的空腹感和饥饿感，吃起饭来狼吞虎咽，会吃下过多的食物。多余的能量在体内转化为脂肪。
患胆结石的可能性更大。	空腹时胆汗分泌减少，浓度增高，容易沉积成结石。
……	……

以此为例，父母还可以根据孩子的进餐情况，有针对性地分析午餐和晚餐的重要性。

要把早餐当回事

"一日之计在于晨"，这种说法用于孩子的饮食也同样成立，早餐对于中小学生的健康成长具有十分重要的作用。

首先，中小学生正处于身体的迅速发育期，需要及时补充各种营养物质。营养物质的缺乏，将导致营养不良，延缓身体的发育，可能造成不可逆转的后果。营养学认为早餐提供的热量应占全天总热能25%~30%，而且早餐营养的缺失很难通过午餐和晚餐来弥补。

其次，吃早餐有助于中小学生恢复体力。经过一夜的睡眠，长达八九个小时没有进食之后，中小学生需要吃东西来恢复体力。好多中小学生到第三四节课时感到饥饿，其原因就在早餐所提供的营养不足，尤其是热量不够，大脑缺乏足够的血糖。而血糖浓度低于正常值，将会导致大脑兴奋性降低，反应迟钝，注意力不能集中，小动作过多。

除了想办法让孩子认识早餐的重要性之外，父母还要具体分析孩子不吃早餐或不重视早餐的原因，以此为基础开展针对性的训练。

孩子为什么不重视吃早餐或做早餐桌上的逃兵呢？原因有多种，既有主观原因，也有客观现实。

主观上，有可能是父母或孩子对早餐的重要性认识不够，觉得早餐可有可无，或者认为早餐的营养可以从午餐和晚餐中得到补充。

在客观上，主要跟早上起床太晚、时间太紧有关系。起床太晚，起床后马上进餐，肠胃还没有准备好，消化系统也没有启动起来，有些孩子就会觉得没有胃口。时间太紧，父母需要急着赶去上班，孩子急着上学，没有留出足够的时间享用早餐或干脆不吃早餐。

还有一个原因是昨晚吃得太饱，营养物质还没有消化完毕，因此胃口不好。

您的孩子属于哪一种情况？

分析完具体原因之后，父母就可以开展针对性的训练了。

如果是父母或孩子对早餐的重要性认识不够，那么父母可以采取本章第二节的方法提高对早餐重要性的认识，一定要充分认识到早餐并非可有可无，它对孩子的成长发育具有十分重要的影响，而且从早餐中所摄取的营养不能够从午餐和晚餐中得到弥补。

如果是因为早上起床时间太晚，时间太紧张，导致没有时间准备早餐、吃早餐，那么父母和孩子一定要比预定的时间早起10~15分钟，洗洗澡，做一些低强度的运动，使神经系统兴奋起来，使消化系统启动起来，胃口自然就有了。

如果是孩子晚餐吃得过多，父母一定要想办法减少孩子晚餐时的营养摄取，把晚餐时的营养摄取量控制在一个适宜的水平之上。

除了针对以上的原因之外，父母还可以采取一些更为灵活的做法。如孩子起床后就让他喝一杯水或者果汁来刺激他的胃口，经常换早餐的花样，注意早餐食物营养的搭配，荤素结合，粗细结合等。

午餐要吃好

现代营养学认为午餐是非常重要的，有许多营养专家认为午餐是一日三餐中最重要的一餐，它在一日三餐中为整天提供的能量和营养素的比例都是最高的，达40%。所以说，从营养学角度上来看，午餐要吃好是很有道理的。

午餐对孩子在一天中体力和脑力的补充，起了承上启下的作用。中小学生上午上了三四个小时的课，早餐的能量和营养物质几乎消化得差不多了，急需补充营养物质来迎接下午的功课。如果午餐吃不好，势必会影响下午的学习效率。

午餐吃不好，到下午孩子会感到非常饥饿，晚餐自然就会吃得过多，超出孩子正常的营养需求，导致体重超标。

对于那些学校离家近的孩子来说，回家吃午饭不失为一种好的选择，但是回家吃不能凑合，更不能吃剩饭对付。一顿健康的午餐应该包括一份水果、一份蔬菜、一份乳制品、一份富含蛋白质的肉或鱼及一份淀粉类食品。因此，父母要尽可能按照科学的要求为孩子准备好一顿健康的午餐。

对于在校吃营养餐的孩子来说，应该尽量把营养餐吃好。

对于在校外餐馆和小吃店吃午餐的孩子来说，在选择午餐时，应该按照营养均衡的原则，保证各种营养素的摄取。

告别"补偿式"晚餐

一般而言，晚餐是孩子最为丰盛的一餐，一是父母相对有比较充裕的时间；二是父母出于补偿的心理，晚餐做得较为丰盛，并希望孩子尽量多吃，把早餐和晚餐中缺失的营养补充回来。从营养学角度来说，这种"补偿式"晚餐是不可取的，尤其是一些"不合理"的"补偿"不但于事无补，而且还会带来一些意想不到的危害：一是影响孩子第二天早餐的食欲。每个孩子消化系统的能力都有一定的限度，一定量的食物需要一定的时间来消化和吸收。如果晚餐吃得过多，过于丰盛，消化和吸收这些营养物质所需要的时间长度往往会大于睡眠的时间，因而造成孩子起床以后没有胃口，吃不下饭。二是可能导致孩子的肥胖。晚餐过于丰盛，孩子摄取的营养物质超出了生长发育的需要，再加上晚上人们活动量小，夜间睡眠时活动量更小，热量消耗少，多余的热量在胰岛素的作用下合成脂肪，逐渐使人发胖。三是增加消化系统的负担，出现腹胀等现象，影响睡眠，并迫使胃肠加快蠕动速度和消化液的分泌，引起胃肠疾病。

因此，父母一定要记住，晚餐"丰盛"可以，但要注意控制孩子的营养摄入量，晚餐所摄取的热量和营养物质不要超过全天供给量的30%。父母可以跟孩子一起探讨晚餐应该怎么吃。

比如，为了防止孩子吃得太多，营养过剩，父母可以指导孩子：

● 在正式吃晚餐之前，先喝一点汤或温开水。

● 设法减慢吃饭速度，一般孩子吃每顿饭的时间最好不要少于20分钟，要细嚼慢咽，而且吃饭的速度要均匀。

● 饭菜要求以清淡为主、荤素兼顾，少吃油腻食品。

父母更可以根据孩子的实际情况，采取更为灵活的措施，使孩子既吃得好，又适量。

指导孩子制定营养食谱

对于均衡营养的重要性，孩子已经有了一定的认识。这些认识从本质上来讲，还是一种知识，离实际的行为和行为习惯还有相当大的差距。为了让这种知识最终转化为行动，并形成习惯，就有必要让孩子亲身运用这些均衡营养的知识。

父母可以引导孩子通过分析和制定一日三餐的食谱来亲身实践如何做到营养均衡。

分析食谱

父母可以指导孩子把某一天或某一周所食用的食品名称及数量详细记录下来。比如，孩子把星期一一天的饮食情况记录如下。

早餐：一杯牛奶，一个鸡蛋。

午餐：一个馒头，两个油炸鸡腿，西红柿炒鸡蛋。

晚餐：一碗米饭，土豆炖牛肉，宫爆鸡丁，洋葱炒猪肉，鸡蛋紫菜汤。

记录完毕后，可以对照"中国居民平衡膳食宝塔"，从种类和数量两个方面来评估是否达到要求。比如，孩子经过对照以后可能发现，早餐缺少主食、蔬菜和水果，午餐缺少蔬菜和水果，晚餐肉类过多。相对于对种类的评估，对数量的评估可能难一些，但也可以粗略地估计一下，看看数量是否达到了要求。

父母要善于听取孩子的意见，保护孩子学习和运用新知识的积极性，使孩子感受到知识可以对他的生活产生积极影响。

制定食谱

在指导孩子分析食谱的基础上，可进一步指导孩子根据均衡营养的要求制定一周的食谱。让孩子设计自己的食谱，既巩固了知识，又指导了生活，是最为有效的一种学习。下面就是一周食谱的形式：

	星期一	星期二	星期三	星期四	星期五	星期六	星期日
早餐	面包 牛奶 西红柿炒鸡蛋 苹果	……	……	……	……	……	……
午餐	米饭、花卷 烧猪肝 香菇豆腐 黄豆芽炒海带丝	……	……	……	……	……	……
晚餐	米饭、馒头 清炒土豆丝 醋熘白菜 牛肉炖胡萝卜 小米粥	……	……	……	……	……	……

父母和孩子在周末时可以抽出大约半个小时的时间，按照营养均衡的原则对下周的食谱进行规划，这样，下周吃什么父母和孩子心里都有谱了，饮食健康也有保证了。

4. 孩子的营养状况怎么样

饮食习惯的培养需要及时的评估，评估所反馈的信息有利于总结经验，纠正不足。评估可以从以下两个方面进行：

孩子知道自己每天摄取的热量和营养素吗

热量不属于营养素，它是食物中的碳水化合物、脂肪和蛋白质三大营养素在人体内代谢时释放出来的，是人的生命活动的动力来源。人每天消耗的热量需要从食物中得到补充。

水是人体不可或缺的营养素，是构成人体最大的组成成分。人体失去20%左右的水分，生命便不能维持。

食物中的营养素主要包括蛋白质、脂肪、碳水化合物、无机盐（矿物质）、维生素等。

父母可以指导孩子查阅专业书籍，评估热量和营养素是否能够满足孩子的需要。在实际评估时可以采取以下的表格形式：

评估内容	每天实际摄取量	每天实际需要量	结论（正常/不足/过量）
热量			
水			
蛋白质			
脂肪			
碳水化合物			
矿物质（无机盐）			
维生素			
……			

　　每天实际摄取量可以计算出来，每天实际需要量可以从专业书籍中查阅出来，两者之差大于零即为"过量"，两者之差小于零即为"不足"。如果两者之差数值很小，不超过20%，在合理范围之内，都可归于"正常"，父母不用过多关注。如果两者之差过大，父母和孩子就需要多加注意，在以后的饮食中适当增加或减少。

　　这样的评估有助于孩子把握自身饮食的总体状况，一目了然，知道自己该多吃什么、少吃什么，也为以后改善自己的饮食管理提供了基础。

孩子知道自己的身体状况吗

　　影响孩子健康的因素有两大类：第一类是先天遗传因素，如孩子的体型，有些孩子生来就是强壮型，有些是精瘦型。第二类是后天因素，即饮食、运动等。根据专业理论得出的营养摄取量是否适合孩子，还有待实践的检验。

　　当孩子按照营养均衡的要求进行饮食管理以后，过一段时间，如一个月或几个月，父母可以跟孩子一起评估这样的饮食安排是否合理。评估内容主要针对孩子的基本生理状况。

　　生理状况包括：

　　1. 体重是否正常？

2. 肤色是否正常？

3. 每天精力是否充沛？

4. 每天是否有疲劳感？

5. 睡眠质量如何？

……

如果生理状况良好，说明饮食安排适合孩子；如果生理状况不够理想，父母应该多方面分析原因，既包括饮食安排，又包括孩子的体育锻炼、学业负担等，在分析的基础上不断地调整。

另外，父母要学会根据孩子年龄的变化、运动量的大小、学业负担的情况适时适当地调整孩子的饮食。

评估之后，父母要根据评估情况对孩子良好的饮食行为进行奖励。父母在选择奖品时，一定要小心，一般不要轻易把食品当作奖品，而应更多地选择一些社会性的奖品，如言语的表扬与鼓励，也可选择一些活动性的奖品，如带孩子看一场电影，观看一场球赛。对于孩子的不良饮食行为，父母可以更多地采取说服教育的方式，也可通过取消孩子的某些权利以示惩罚，如减少孩子看电视或打游戏的时间，减少孩子的零花钱等。

5. 饮食管理"大本营"——家庭

饮食管理，科学为先

饮食对孩子非常重要，这一点父母理解起来不难。除此之外，父母还需要了解儿童的饮食不同于成人，有其自身的独特之处，这是由其生理特点决定的。对此，营养学家刘政在《中小学生营养指南》一书中曾对小学生与饮食相关的生理特点做过很好的总结，值得父母参考借鉴。

骨骼与肌肉：小学生的骨骼弹性大、硬度小，随着年龄的增长，骨中的钙质不断沉积，骨骼的坚硬度也逐渐加大。此时期食物中如缺少钙的供应，将影响骨骼成熟和身体长高。小学生的肌肉纤维比成人细软，肌肉中的水分比成人多，因此能量储存较差，体力远不及成人。

消化：儿童的食管比成人明显短而窄，黏膜细嫩，管壁发育不成熟，容易遭受损害。胃与肠黏膜富含血管，胃壁薄，弹性差，胃蠕动能力弱。胃腺数目少，所分泌的消化液较少，而且酸度低，因此消化食物的能力较弱，而且胃容量小。消化能力随年龄的增长逐渐增强。

免疫：人体的免疫功能主要由叫胸腺的腺体内的T细胞的数量和活动能力决定，小学生的免疫功能与营养状况关系密切。当膳食中缺乏蛋白质时，胸腺体积变小，重量减轻，T细胞数目减少，消灭细菌的能力降低，则导致免疫功能低下，孩子容易患急性传染性疾病。

心脏：儿童的心肌纤维细弱，心脏肌层薄，但机体代谢相对比成人旺盛，因此心跳比成人快。

呼吸：儿童的肺与气管娇嫩，容易遭受病原微生物侵袭，所以常患感冒与呼吸道感染。

排泄：儿童的肾功能发育不健全，尿的浓缩与稀释能力比成人弱得多，故不宜吃过多的咸食。膀胱壁较薄，贮尿机能差，小便次数较多。

这些特点决定孩子的饮食跟成人的饮食应该有所差异，比如孩子新陈代谢比成人快，所以需要的营养物质会更多，但由于孩子胃容量小，所以要适当给孩子加餐，比如每晚睡觉前一小时喝一杯牛奶、吃一点点心都是很好的做法。

父母在安排孩子饮食时，一定要考虑到孩子的特点。只有这样，才会设身处地地替孩子着想，才能避免想当然的错误，才能科学地安排孩子的饮食。

环境愉悦，饮食美好

孩子饮食习惯的可塑性很高，孩子也易受感染，所以良好的、有利于饮食管理的家庭环境就显得相当重要了。

在家庭环境的创设中，父母的榜样作用起到极为关键的作用。如果父母的饮食习惯很科学很健康，那么孩子会在无形之中耳濡目染，自然而然就形成了良好的饮食习惯。

父母和孩子还可以花心思把有关饮食的规则、有关营养的知识以一种有趣的形式呈现出来，下面就是一些很好的做法：

- 在电冰箱门上，张贴有关均衡饮食的宣传画。
- 在餐厅的墙壁上张贴一些有关儿童营养知识的文学，并定期更新。
- 把每周的食谱放在厨房显眼的位置上。

父母还可以跟孩子一起装饰餐厅，让孩子感到很温馨。

在就餐时，为孩子营造出良好的就餐氛围：

- 不在吃饭时看书或看电视。
- 不在吃饭时讨论过于复杂或令人扫兴的事情，不争吵、辩论或抱怨。
- 不在吃饭时批评指责孩子。
- 吃饭时，进行愉快的交谈，讲一些令人高兴的事情，回忆一天中愉快的经历，享受互相陪伴的感受。
- 播放舒缓的音乐，这有利于放松心情，创造温馨的氛围。

父母就是好榜样

人的习惯不是天生就有的，是受家庭和社会环境的影响而形成和发展的。在孩子健康饮食习惯的形成过程中，父母无疑扮演了最为重要的角色。父母的食物选择、准备和提供，影响着孩子的饮食偏好和营养摄入。对食物的偏好往往是在儿童时期形成的，人们通常最喜欢他们经常接触的那些食品。

父母的饮食观念和饮食行为会对孩子的观念和行为产生直接影响。父母的饮食行为是孩子最经常、最直接的模仿对象。告诉孩子吃有营养的东西是一回事，给他们做示范是另一回事。有一个爱在吃饭时读报或看电视的父亲，很可能会有一个同样对吃饭漫不经心的孩子。

所以，为了孩子的饮食健康，父母首先要做好榜样。

后记 POSTSCRIPT

五个好习惯成就孩子幸福人生

《习惯决定孩子一生》出版后受到读者热烈欢迎，出版仅一个多月就连续再版，并且作为中国移动手机阅读首发。身为作者，我自然开心，因为写书就是为了给读者看，就是服务读者的需要。我在《习惯决定孩子一生》的序言中特别预告，随后将出版的"五个好习惯"丛书，可以为读者朋友提供更为具体有效的帮助。如果说《习惯决定孩子一生》是习惯培养提纲挈领的总指导，"五个好习惯"丛书就是具体操作手册。

为了方便读者朋友了解这套丛书，这里简要介绍一下与我合作的五位优秀作者。

《培养仁爱好习惯》的作者是副研究员孙宏艳，长期担任中国青少年研究中心少年儿童研究所所长，曾经担任习惯研究课题组的常务副组长。她主持过多项国家级的课题研究，尤其是连续7年负责中、美、日、韩高中生的比较研究，有许多重要的发现和建议。

《培养学习好习惯》的作者是儿童心理学博士赵霞，在中国青少年研究中心少年儿童所工作近10年，曾经是习惯研究课题组的科研骨干。她从一个师范学校的老师到儿童心理学硕士和博士，对学习过程有特别的体验和理解。

　　《培养负责好习惯》的作者是编审刘秀英，长期担任中国青少年研究中心家庭教育研究所所长和《少年儿童研究》主编，曾经担任习惯研究课题组的常务副组长。20年的编辑生涯使她对儿童成长有一种浓厚的理性关怀情结。

　　《培养自理好习惯》的作者是儿童心理学副教授李文道博士，他是首都师范大学家庭教育研究中心的副主任，曾经担任习惯研究课题组的副组长。他还在读博士期间，就深入北京几所小学，进行了为期一年的习惯与人格的实验研究，在理论与实践的结合上有重要突破。

　　《培养尊重好习惯》的作者是中学高级教师闫玉双，长期担任全国尊重教育研究课题组的负责人，也是习惯研究课题组的科研骨干。她有丰富的教育教学实践经验，又主持尊重教育研究课题近20年，可谓写如何培养尊重习惯的最佳人选。

　　作为主编，我的任务一是提出高质量的写作选题，二是组织高水平的作者队伍，三是选择有眼光的出版社。我可以骄傲地说，我尽力了，我做到了，这是一套开卷有益的好书。

2013年11月于北京世纪城